삶이 가르치는 지혜

Wisdom

정원 지음

영성의 숲

서문

 삶이란 한편의 아름답고 멋진 드라마와도 같습니다. 그것은 우리에게 즐거움과 행복과 열정을 가져다줍니다.
 하지만 그 모든 드라마가 항상 우리의 생각처럼 유쾌하게 진행되는 것은 아닙니다. 때때로 우리는 이 드라마를 중단시키고 싶을 때가 있습니다.
 우리는 고통스러워하며 외로워하며 절망하기도 합니다. 그러나 그러한 삶의 드라마와 한동안 씨름을 하면서 걸어가다 보면 우리는 이 모든 드라마가 우리의 영적인 성숙을 위한 하나의 무대 장치라는 사실을 발견하게 됩니다.
 하지만 이 인생의 드라마와 고통에서 모든 사람들이 메시지를 얻는 것은 아닌 것 같습니다.
 어떠한 사람들은 실패와 아픔을 통해서 좀 더 깨닫고 발전된 영역으로 나아가지만 또한 어떠한 사람들은 동일한 실패를 반복하고 동일한 고통을 계속 겪으면서도 여전히 앞으로 나아가지 못하며 낮고 어두운 영역에서 신음하기도 합니다.
 우리의 눈이 뜨여져서 그러한 드라마와 고통의 영적 교훈을 발견할 수 있다면 우리는 그러한 고통들.. 실패, 버림받음, 이별, 실망 등을 좀 더 빨리 극복할 수 있을 것입니다. 그리하여 우리 영혼이 좀 더 높은 영역으로 승화될 수도 있을 것입니다.

지나간 시절의 삶을 돌이켜보면서 일상에서 부딪히는 삶의 여러 가지 이야기들, 통찰력들을 기도함으로 정리해 보았습니다.

부디 이 책이 독자들의 영적 성숙에 기여할 수 있기를 기대합니다. 그리하여 진정 우리는 영적 성숙을 위하여 이 땅에 왔으며 그 길은 현실을 감사함으로 받아들이며 서로 순수한 마음으로 사랑하는 것이라는 사실에 대하여 좀 더 깊이 인식하고 체험할 수 있게 되기를 바랍니다.

이 책을 읽는 모든 독자님들에게 감사와 사랑의 마음을 전합니다. 부디 이 책과 함께 영적 성숙의 아름다운 여행을 떠나시기를 기원합니다.

귀하의 여정에 은총과 평강이 있기를..

2005. 5. 정원

목 차

서문
1. 내 안에 있는 아름다움을 발견하십시오 · 6
2. 정의의 사도가 되지 마십시오 · 13
3. 저녁 종소리 · 19
4. 지금 하고 싶은 일을 하십시오 · 25
5. 두 여인 · 28
6. 들을 귀가 있다면 · 30
7. 지혜의 길 · 33
8. 가장 중요한 일 · 36
9. 보이지 않아도 사랑입니다 · 40
10. 지금은 보이지 않습니다 · 47
11. 화이트 크리스마스 · 51
12. 삶의 가르침 · 59
13. 노란 손수건 이야기 · 61
14. 공짜는 없습니다 · 66
15. 지혜자의 마음 · 72
16. 늙음의 행복 · 78
17. 후회하기 싫다면 성질을 다스리십시오 · 81
18. 모든 것은 지나갑니다(1) · 83
19. 모든 것은 지나갑니다(2) · 85
20. 영성에도 산과 골짜기가 있습니다 · 89
21. 고통은 저주가 아닙니다 · 92
22. 주님이 아기를 키우십니다 · 95
23. 자녀의 고통을 받아들이십시오 · 98

24. 고통은 스승입니다 · 100
25. 우리는 모두 1등입니다 · 102
26. 허무한 즐거움을 버리십시오 · 106
27. 흘러나오는 기쁨 · 108
28. 시련 속의 평안 · 111
29. 기가 막힌 상황에서 함께 계시는 분이 있습니다 · 112
30. 가장 안타까운 후회는.. · 114
31. 가족 사랑은 천국입니다 · 117
32. 행복은 가까운 곳에 있습니다 · 120
33. 주님은 모든 악순환을 끊으십니다 · 124
34. 밝음, 누림의 인생 · 126
35. 시계보다 아름다운 당신 · 131
36. 자식은 은혜입니다 · 138
37. 아이는 의사입니다 · 143
38. 포용만이 사람을 변화시킵니다 · 145
39. 진정 중요한 것은 무엇입니까 · 148
40. 순수해지십시오 · 155
41. 내 마음의 공터 · 161
42. 살아있는 동안 당신의 영혼이 성숙되게 하십시오 · 168
43. 어린이를 사랑하십시오 · 172
44. 어린 아이도 많은 것을 생각합니다 · 176
45. 이기적인 영혼은 살아있으나 죽은 것입니다 · 182
46. 그 사람은 누구일까 · 188
47. 악역의 사람들을 축복하십시오 · 197
48. 우리는 사랑하기 위해서 존재합니다 · 202
49. 행복한 인생의 비결 · 207

1. 내 안에 있는 아름다움을 발견하십시오

 어린 시절 우리 집은 몹시 가난했습니다. 그래서 나는 초등학교 6학년 때 신문 배달을 하기 위하여 신문 보급소에 찾아갔습니다. 마침 어떤 형이 사정이 있어서 배달을 그만 두게 되었으므로 나는 그의 구역을 인수하게 되었습니다.

 그러나 인수를 하는 것이 쉽지 않았습니다.

 대강 기억하기에는 당시 그 구역에서 돌리던 신문 부수가 130부 정도가 되었습니다. 그런데 그 130집의 위치를 기억하는 것이 정말 어려웠습니다.

 날마다 그 형은 앞서서 달리며 집집마다 신문을 던지고 나는 그를 따라 다니며 그 집을 기억하기 위해서 대문마다 백묵으로 표시를 했습니다.

 남들은 2-3일이면 인수가 끝나는데 나는 일주일이 지나도 아직도 헛갈렸습니다.

 집의 대문에 백묵의 표시는 있는데 이걸 내가 표시한 건지, 과연 내가 이 집에 왔었는지, 도무지 기억이 나지 않았기 때문입니다.

 내가 어떤 집의 문 앞에서 망설이고 고민할 때마다 먼저 신문을 돌리던 그 형은 안타깝게 외쳤습니다.

"그렇게도 모르겠니?"

그의 표정에 나타난 답답함, 한심스러움, 불안함이 아직까지 나의 뇌리에 선명합니다. 그는 자기가 무슨 죄를 지었기에 저런 녀석을 만났을까 생각하며 괴로워하는 것 같았습니다.

하지만 나는 아무리 생각해도 이 집이 그 집인지 그 집이 이 집인지 알 수가 없었습니다. 그가 후임자로서 나를 만나게 된 것은 정말 비극이었던 것입니다.

결국 2주일이나 지나서야 나는 구역을 인수받았습니다. 나에게 구역을 물려주던 그 형의 해방감과 염려가 가득한 표정을 나는 아직도 기억합니다.

하지만 그 다음날부터 나는 혼자 신문을 돌렸지만 나는 지금 내가 신문을 제대로 맞게 돌리고 있는지 전혀 확신할 수 없었습니다.

그럭저럭 한 달이 지나고 나는 수금을 하기 위하여 집집마다 방문을 했습니다. 그러나 수금은 더욱 더 어려웠습니다.

어떤 집의 아줌마는 말했습니다.

"얘, 동아일보는 본 적이 없는데 왜 한 달 동안 계속 넣는 거냐?"

다른 집의 아저씨는 돈을 줄 수가 없다고 화를 냈습니다.

내가 왜냐고 묻자 그는 큰 소리로 말했습니다.

"이 답답한 놈아! 한 달에 신문이 세 번 왔는데, 너 같으면 돈을 주겠니? 이놈아!"

그리고 그는 친절하게도 한마디 덧붙였습니다.

"내가 동아일보를 몇 십 년을 보았지만, 너같이 멍청한 놈은 처음 봤다, 이놈아!"

결국 나는 두 달 만에 돈을 하나도 못 받고 쫓겨났습니다.

사실 제대로 한다면, 나는 돈을 받기는커녕 동아일보 보급소에 돈을 물어주어야 했을 것입니다. 왜냐하면 나 때문에 몇 십 년을 구독하던 독자가 구독을 끊은 것이 여러 집이 되니까요.

그리하여 나의 첫 번째 사회 진출은 실패로 끝나고 말았습니다. 그것은 참으로 서글픈 추억입니다.

지금도 나는 집을 잘 못 찾습니다. 그래서 모든 신문을 돌리시는 분들이 참으로 존경스럽습니다.

하지만 내가 좀 더 서글펐던 것은 그 아저씨의 목소리, 그분의 말이 오랫동안 나의 기억에서 지워지지 않았기 때문입니다.

"이 답답한 놈아! 내가 살면서 너같이 멍청한 놈은 처음 봤다, 이놈아!"

나는 정말 슬펐습니다. 그리고 가슴이 아팠습니다.

사실 그의 말은 맞을 것입니다. 그의 말이 맞기 때문에 나는 마음이 아파서 울었습니다.

왜 나는 잘 할 수 없는 걸까? 남들보다 더 열심히 노력을 했는데.. 오랫동안 내 실패의 기억은 나의 마음을 아프게 했습니다. 나는 정말 자신이 없었고, 위축되었고, 용기를 잃어버렸습니다.

그리고 가끔 그런 생각을 했습니다.
왜 하나님은 나를 이 모양으로 만드셨을까?
만드실 때 신경을 좀 더 쓰시지 않고..
나는 정말 속이 상했습니다.
나의 군대생활도 이와 비슷한 것 같았습니다.

나는 매사에 적응이 느렸고, 빠릿빠릿하지 못했습니다. 총명한 사람은 하나를 가르치면 열을 안다고 했는데, 나는 하나를 배우면 열 개를 잊어버리는 것 같았습니다.

나는 눈이 나빠서 잘 보이지 않기 때문에 사격솜씨가 형편이 없었습니다. 그래서 기합을 많이 받았습니다.

나는 어릴 때부터 체력이 약한 편이었습니다. 그래서 10키로 구보도 너무 힘들었습니다. 여러 번 낙오를 했고 기합을 많이 받았지만, 그래도 완주하는 것이 어려웠습니다.

밤이 되어 보초 임무가 끝나면 나는 혼자서 군장을 짊어지고 나왔습니다.

구보에서 낙오하는 것이 너무 싫었기 때문에, 나는 동료들이 잠을 잘 때 군장을 메고 텅 빈 연병장을 혼자서 달리고 또 달렸습니다.

달리다 힘이 들어 쓰러지면 나는 연병장에 누운 채로 눈물을 흘리곤 했습니다.

'왜 남들은 쉽게 하는 것이 내게는 이렇게 어려울까?'
그렇게 생각하면서 울었습니다.

외롭고 힘들고 고통스러울 때
이 세상에서 나는 혼자라고 느꼈을 때
나는 하나님을 만났습니다.
그리고 모든 것은 바뀌어졌습니다.
지금도 여전히 울지만
그 눈물의 색깔이 달라졌습니다.
나는 알게 되었습니다.
사람들은 나에게
"너같이 멍청한 놈은 처음 봤다, 이 답답한 놈아!"
라고 이야기하지만,
하나님은 나에게 그렇게 말씀하지 않는다는 것입니다.
그분은 내게
"내가 너를 사랑한다, 너는 나의 아들이다. 이제 나는 영원히 너를 떠나지 않을 것이다."
라고 말씀하셨습니다.

나는 또 알게 되었습니다.
그것은 내가 그렇게 답답하고 부족한 열등인자는 아니라는 것입니다.
비록 내가 길은 잘 찾지 못하고, 남들이 쉽게 하는 것을 잘 하지 못하는 것도 많지만 내가 재미있어하고 잘 할 수 있는 것도 많다는 것을 알게 되었습니다.

나는 내가 기타를 치면서 노래를 하면
듣는 사람이 눈물을 흘리는 것을 발견했습니다.
내가 쓴 글을 보여주거나 읽어 주면
듣는 사람이 울기도 하는 것을 발견했습니다.
나는 내가 사람들의 마음을 쉽게 느낄 수 있다는 것을 알게 되었습니다.
사람들의 문제를 들을 때 그 문제의 근원을 쉽게 파악할 수 있다는 것도 알게 되었습니다.
사람들의 고민을 들어주며 같이 눈물을 흘리면 상대방이 고마워하며 행복해하는 것도 경험하게 되었습니다.
아픈 사람, 위로가 필요한 사람, 외롭고 힘들고 고독한 사람을 붙잡고 기도해주면 그들이 울면서 곧 회복되는 것도 경험하게 되었습니다.
이제 나는 매우 행복합니다.
아직도 여전히 가난하고
아직도 여전히 집을 잘 못 찾고
서울에서 40년 넘게 살면서도 지리를 모르고
운전도 못하지만
글을 쓰고 기도를 하고
상처받은 사람들과 이야기를 하며
나는 매우 행복합니다.
하나님께서 나를 어떤 부분은 부족하게 만드시고

어떤 부분은 그럭저럭 괜찮게 만드신 것처럼
당신도 아마 나와 같이 어떤 부분에서 부족하고
어떤 부분에서 뛰어날 것입니다.
왜냐하면 하나님께서
당신을 그렇게 만드셨기 때문입니다.
하나님께서는 당신을 부분적으로 아름답고 훌륭하게 만드셨고,
또한 교만해지지 않도록
그리고 다른 사람의 도움이 필요하도록
부분적으로 연약하게 만드셨기 때문입니다.
그러므로 자신의 부족한 부분에 집중하면
당신은 불행해 질 것이고
당신의 탁월한 부분에 집중하면 당신은 행복할 것입니다.

당신의 재능을 발견할 때
당신이 좋아하는 것을 발견할 때
당신은 행복해지게 될 것입니다.
그리고 당신은
당신의 재능과 당신의 행복을
다른 모든 사람들과도
같이 나눌 수 있게 될 것입니다.

2. 정의의 사도가 되지 마십시오

 중학교 3학년 때 나는 정의의 사도가 되려고 한 적이 있었습니다. 그것은 우리 반에 있는 몇 명의 깡패 같은 친구들 때문이었습니다.

 그들은 아주 못된 친구들이었습니다. 그들은 몸이 왜소하고 힘이 없는 친구들을 때리기도 하고 돈을 뺏기도 하며 괴롭혔습니다. 모두가 그들을 싫어했지만 그들은 덩치가 비교적 컸고, 난폭했고, 또 여러 명이었기 때문에 아무도 그들을 제지하지 못했습니다.

 나는 분연히 일어섰습니다. 나는 정의의 사도가 되고 싶었습니다.

 나는 그들 중의 하나를 때려눕히려고 마음먹었습니다. 그래서 우리 반의 질서를 되찾고 평화를 가져오겠다고 결심했습니다.

 비록 54kg의 빼빼 마른 몸집이었지만 그때의 키가 지금 키인 177cm이었기 때문에, 비교적 덩치가 큰 편이었습니다.

 게다가 나는 인상도 별로 좋은 편은 아니었기에 인상을 쓰면 위압감을 줄 수도 있었습니다.

 나는 그들 중의 한 사람에게 시비를 걸었습니다.

나는 기선을 제압하면 이길 수 있다고 생각했습니다. 그래서 기가 죽지 않으려고 그를 열심히 노려보았습니다.

이런 식의 싸움은 보통 3단계로 진행됩니다.

처음에는 말다툼으로 시작합니다. 그리고 언어의 험악한 정도가 높아집니다.

"야, 임마!"

"뭐, 임마? 이 자식이!"

"뭐, 이 자식? 이…"

이런 식으로 오가는 말은 거칠어집니다.

2단계가 되면 하나가 먼저 물리적인 공격을 합니다.

그러면 3단계에 접어들게 되는데, 맞은쪽에서 "너, 다 쳤어?" 하고는 엉겨 붙게 됩니다.

우리는 1단계에서 2단계로 막 가고 있는 중이었습니다.

나는 효과적으로 그의 기를 죽이고 나를 멋지고 강하게 보이기 위해서 큰 소리로 겁을 주고 있었습니다.

싸움에는 선공이 중요했지만 내가 먼저 때리면 정의의 사도가 될 수 없기 때문에 나는 그가 먼저 공격하기를 기다리고 있었습니다.

그런데 바로 그 순간, 우리는 2년 선배인 고2 형에게 그 상황을 들켜버리고 말았습니다.

그는 말했습니다.

"너희, 거기 두 놈 이리 나와."

우리는 순식간에 기가 죽었습니다.

당시 남자 중고등학교에서 2년 선배의 위치란 대단한 것이었습니다. 게다가 마침 그 형은 몹시 기분이 나쁜 일이 있는 모양이었습니다.

"너희 둘, 조용히 나를 따라와."

그는 아무 말 없이 조용히 앞에서 가고 우리는 따라 가는데 가슴이 콩닥거렸습니다.' 죽었구나..' 하는 기분이었습니다.

조금 전에 열심히 싸우려고 했던 그 열정은 순식간에 사라져버리고 우리는 선배에게 싹싹 빌었습니다.

"잘못했습니다. 선배님, 한번만 봐 주세요. 네?"

결국 우리는 혼이 나긴 했지만 무사히 살아서 그에게서 풀려날 수가 있었습니다.

그런데 참 이상한 일이었습니다. 조금 전 까지 싸우려고 으르렁거렸던 우리가 선배에게 같이 혼이 나면서 그 조금 전의 분노하고 미워하던 마음이 봄눈 녹듯이 사라져버린 것이었습니다.

이른바 동료의식이라는 것일까요?

학교에 혼자 지각을 한다면, 그것은 몹시 두려운 일입니다.

숙제검사를 하는데 반에서 숙제를 안 해온 사람이 나 혼자라면 그것은 정말 비극입니다.

그러나 지각해서 텅 빈 교정을 혼자 두려운 마음으로 걸어가는

데, 누군가 같이 지각을 해서 내 뒤에서 걸어오고 있다면 그 친구가 얼마나 반갑겠습니까! 숙제를 안 해서 벌을 받더라도, 같이 옆에서 벌을 받을 친구가 있다면, 얼마나 위안이 되는 지요!

그렇게 어려움을 같이 나누는 동지에게는 갑자기 없었던 우정도 무럭무럭 생기게 되는 모양입니다. 그래서 그랬는지 이 친구하고도 같이 형에게 혼이 나면서 그만 친해져 버린 것이었습니다.

우리는 학교의 뒤에 있는 산으로 갔습니다. 그곳은 보통 서로 싸울 때 많이 가는 곳입니다. 거기서 그와 많은 이야기를 했습니다.

그런데 이야기를 하는 중에 그가 이런 말을 하는 것이었습니다.

"나는 엄마가 없어. 도망가셨어. 아버지는 술을 마시고 날마다 나를 때려. 나는 아침도 날마다 굶고 와.

나는 점심 도시락도 없어. 나는 엄마가 보고 싶어.."

그러더니 그는 눈물을 펑펑 쏟으며 울기 시작하는 것이었습니다. 나는 그의 이야기를 들으며 큰 충격을 받았습니다.

내가 보았을 때 그는 단순히 불량학생이었습니다. 나는 그를 나쁜 놈이라고 생각했습니다. 그는 약한 친구를 괴롭히는, 못된 녀석이었습니다. 그래서 이런 놈은 한참 맞아야 한다고 나는 생각했던 것입니다.

그러나 나는 밖에서 보이는 그의 모습을 보았을 뿐이었습니다. 나는 그의 고통을 알지 못했습니다.

그의 슬픔을 이해하지 못했습니다. 술 취한 아버지에게 당하는 아픔, 어머니에 대한 그리움, 아침도 굶고 점심에도 도시락이 없어 배회하는 그의 고독과 절망을 나는 보지 못했었습니다.

그에 비하면 나는 그래도 어머니가 있고 밥도 먹고살았던 것입니다.

우리는 함께 울었습니다. 그리고 친한 친구가 되었습니다.

나는 이 친구가 악한 사람이 아니고 사실은 정말로 마음이 따뜻한 사람이라는 것을 알게 되었습니다. 그는 그 후로 나를 볼 때마다 따뜻한 미소를 지어 보였습니다.

아직도 나는 그때의 일을 기억합니다.
그리고 그때의 교훈을 기억합니다.
사람은 겉으로만 보아서 알 수 없다는 것을..
그리고 누구나 겉으로는 거칠고 악하게 보일지 모르지만,
그의 속에는 아름답고, 따뜻한 마음이 자리 잡고 있다는 것을..
그리고 누구든지 자기를 받아주는 사람에게
그 따뜻한 마음은 드러나게 된다는 사실을..

우리가 진정 사람의 외모를 보지 않고,
감추어진 내면의 아름다움을 볼 수 있다면,
이 세상은 진정 행복한 곳이 될 것입니다.
이 세상은 악을 응징하고 처단하는 정의의 사도보다

사람의 상하고 망가진 마음을 이해하고 치유하는
사랑의 사도가 필요합니다.
예리하고 정확하고 똑똑한 말보다
단순하고 평범한 말일지라도
따뜻한 사랑의 말이 필요한 것입니다.
섣불리 정의의 사도가 되려고 하지 마십시오.
내가 실수했던 것처럼
당신도 그렇게 하지 마십시오.
우리 모두가 조금씩 사랑의 사도가 되어가고
사람들을 받아줄 때
진정 세상은 아름다운 곳으로 변모하게 될 것입니다.

3. 저녁 종소리

 제대를 얼마 남겨두지 않은 79년도 가을의 어느 날 저녁 황혼이 깃들 무렵 나는 나보다 계급이 아래인 사병 셋과 함께 업무상의 외출을 나갔습니다. 저녁때여서 우리는 그 주위의 한 자그마한 식당에 들어갔습니다.

 부대주변의 식당이 대체로 그러하듯이 이 집은 밥도 팔고, 술도 팔고, 술을 따르는 아가씨도 있는.. 그런 집이었습니다.

 부하들은 내 눈치를 슬슬 살피면서 밥과 함께 소주를 시켰습니다. 그들은 밥이 고팠던 것이 아니라 술이 고팠던 모양이었습니다.

 군인들이 업무 중에 나가서 술을 마시는 것은 원래 허용되지 않고, 나도 술을 마시지 않지만 모처럼 외출을 나와서 기분을 풀고 싶은 그들의 심정을 모르는바 아니었기에 그대로 묵인해 주고 있었습니다. 그런데 다음 순간 술을 따르기 위해 나온 아가씨를 보고 나는 깜짝 놀라지 않을 수 없었습니다.

 그녀는 스물 대 여섯 정도의 나이에 비교적 큰 키의 미인이었습니다. 그녀는 첫 눈에도 상당히 지적으로 느껴지는 눈매와 어딘가 침범하기 어려운 분위기를 지니고 있었으며 전혀 그 술집의 분위기와는 어울리지 않았기 때문입니다.

그런데 이상하게도 이 아가씨를 보자마자 그녀는 기독교인 것 같은, 마치 오래 전부터 기독교적인 분위기에서 자라서 그것이 몸에 밴 것 같은, 그런 느낌이 그냥 들었던 것입니다.

부하들은 아가씨를 상대로 이런 저런 농담 짓거리를 하면서 술을 마셨습니다.

아가씨는 적당히 상대를 하며 분위기를 맞추려고 하였으나 잘 어울리는 것 같지 않았습니다. 그녀는 그 곳의 분위기와는 도무지 어울리지 않는 청초한 꽃과 같았던 것입니다.

그녀는 좀 어색한 모습이었으나 당황한 빛은 아니었고 대화를 나누면서도 차분하게 흐트러지지 않는 모습이었습니다.

나는 아까부터 무엇인가 말을 하고 싶었습니다.

마음속 깊은 곳으로부터 끊임없는 의문들이 솟구쳐 올라왔습니다. 이 아가씨는 어떤 사람일까? 그녀는 어디서 왔을까? 왜 이곳에 오게 되었을까? 무슨 사연이 있었을까? 하는 등의 생각이 계속 떠올랐습니다.

그러나 나는 무슨 말을 어떻게, 어디서부터 시작해야 할지 몰랐고, 용기도 나지 않았습니다.

나는 묵묵히 식사를 하는 편이었으며, 부하들도 뭔가 어설픈 분위기가 마음에 걸린 듯 차츰 말이 적어졌고, 그녀도 고개를 숙이고 있었으므로 우리들 가운데에는 결국 죽음과 같은 침묵이 흐르게 되었습니다.

나는 차츰 이 침묵이 지겨워졌습니다. 그러나 우리들 중 누구도 이 침묵을 깨뜨릴 용기는 없는 것 같았습니다.

그래서 이 적막은 마치 영원처럼 느껴졌습니다. 그런데 마침내 이 적막이 깨지는 순간이 왔습니다.

적막이 깨지는 소리는 바로 이웃하고 있는 작은 교회의 저녁 종소리였습니다.

아마 그 날이 수요일이었던 것 같습니다. 그 종소리는 수요일 저녁 예배시간을 알리는 종소리였던 것입니다.

"땡그랑, 땡그랑, 땡그랑.."

아아, 그 종소리는 얼마나 맑게 느껴졌는지요! 너무나도 부드럽고, 은은하게, 그리고 따뜻하게 그 종소리는 들려오고 있었습니다.

그 당시에는 대부분의 교회에서 예배 시간을 알리는 소리로 차임벨소리가 종소리를 대신하고 있었고 그런 땡그랑거리는 소리는 시골에서나 들을 수 있었던 소리였던 것입니다.

그 종소리를 듣고 마치 나는 그런 종소리를 듣고 자랐던 어린 시절의 향수가 되살아나듯이 꿈에서 깨어나듯이 용기가 생겼습니다. 그래서 이야기를 시작하게 되었던 것입니다.

내가 어떻게 말을 시작했는지는 잘 기억이 나지 않습니다. 아마 대충 기억하기는 좀 엉뚱하게, 이렇게 이야기를 했던 것 같습니다.

"아가씨, 저녁 종소리가 들리고 있군요. 교회 갈 시간이 되지 않았어요?"

나는 어처구니없게도 그런 식으로 이야기를 시작했습니다. 아마 저녁 종소리가 내게 그런 착상을 주었는지도 모르겠습니다.

그런데 나는 그 말을 들은 그녀의 눈에 순간적으로 스쳐 가는 충격파를 볼 수 있었습니다. 그래서 나는 더욱 확신하게 되었습니다. '그녀는 그리스도인이다. 분명히!'

처음에 그녀는 고개를 흔들며 부인을 하였지만 거기에는 힘이 없었습니다. 그녀는 얼마 지나지 않아 저항을 포기하고 조금씩 그녀의 이야기를 하기 시작했습니다.

그녀는 모태신앙이었으며 어릴 적부터 교회에 나갔었습니다. 모 신학대학에 다니던 중 그녀는 충격적인 일련의 사건을 통하여 인생의 심연에 굴러 떨어졌습니다.

절망 끝에 삶의 의욕을 상실하고 여기저기 흐르다가 이곳까지 왔다고 합니다. 대충 그녀가 말한 내용의 요지였습니다.

그녀의 이야기를 다 들은 후 나는 그녀에게 이야기를 시작했습니다. 할 수 있는 한 부드럽게, 따뜻하게, 그리고 기도하는 마음으로 나는 그녀에게 이야기했습니다.

하나님의 사랑과 섭리, 그리고 새로운 차원의 믿음으로 성장하는 단계에서 필연적으로 통과하게 되는 고통과 좌절을.. 그리고 조심스럽게 덧붙였습니다.

하나님의 품으로, 가정으로 돌아가라고..
부하들은 숨을 죽이고 귀를 기울이고 있었습니다.
그들은 이제 모두 진지해져서 긴박감 속에서 그녀의 말을 기다리고 있었으며 부하들 모두가 그녀가 회복되기를, 삶의 희망을 되찾기를 바라고 있었습니다.
시간은 흐르고 이야기가 계속 진전되면서 그녀는 흐느끼기 시작했습니다. 집에 가고 싶다고, 엄마가 보고 싶다고 하면서 그녀는 울었습니다. 그녀는 그녀의 망가져 가고 있었던 삶의 행로를 다시 바꾸고 싶은 소망이 일어났던 모양이었습니다.

나는 마침 가지고 있던 책을 그녀에게 선물했습니다.
그 책은 〈감옥생활에서 찬송생활로〉 라는 책입니다. 이 책은 매사에 사고뭉치였던 범죄자가 하나님을 만난 후 변화되어 가는 내용의 이야기입니다.
이 책에는 삶의 고통과 좌절을 경험하며 비참한 현실 가운데 있을 때에 오히려 감사하고 하나님을 찬양함으로써 환경이 바뀌고 놀라운 섭리가 이루어지는 이야기가 감동적으로, 생생한 드라마틱한 간증으로 기록되어 있는 책입니다. 나는 그녀에게 이 책을 선물하면서 그녀가 이 책의 주인공들처럼 암울한 현실에서 새롭게 회복되기를 기대했습니다.
시간이 많이 지나서 우리는 일어났습니다. 그녀는 멀리까지 전송을 나왔으며 우리는 아쉽게 헤어졌습니다.

그로부터 며칠 후에 나는 다시 그 식당에 들렀습니다. 그리고 그녀의 안부를 물었습니다.

그런데 식당 주인의 말이 그녀는 며칠 전에 갑자기 어디론가 사라져 버렸다는 것이었습니다.

뭔가 허전한 마음으로 부대에 돌아온 나는 한동안 일이 손에 잡히지 않았는데 일주일 만에 그녀로부터 편지가 왔습니다.

고향으로 돌아간 그녀가 내게 편지를 보낸 것입니다.

분홍빛 편지봉투에 파란색 편지지, 그리고 섬세한 필치의 초록색 글씨가 다음과 같은 사연으로 그 안을 꽉 메우고 있었습니다.

"〈감옥생활에서 찬송생활로〉.. 참 좋은 책이군요.
많이 감동을 받았습니다..
이제 파도치듯 하는 마음이 조금 가라앉은 것 같아요.
용기를 주셔서 감사합니다..
.. 이제 모든 것을 사랑하기로 했어요.
청소하는 것, 접시를 닦는 것부터요.."

4. 지금 하고 싶은 일을 하십시오

어느 중년 가장의 노트에 이런 낙서가 쓰여 있었습니다.
'나는 돈 버는 기계인가..
나는 돈을 벌기 위하여 사는가..
나는..'
원하지 않는 직장에서
하고 싶지 않은 일을 하면서
그는 지치고 피곤하게
살고 있었습니다.
많은 사람들이 그렇게 살겠지요.
어쩌면 당신도 아마 그렇게 살고 있을지 모릅니다.

만약 당신에게 아직 기회가 있다면
당신이 하고 싶은 일을 하십시오.
당신이 지금은 할 수 없으나
언젠가 내가 해야겠다고,
마음속에 꼭꼭 새겨두고 있는 그 일을..
당신이 하면서 즐거워할 수 있고
행복해 할 수 있는 그 일을..

언젠가 여유가 생기면
그 일을 해야지..
당신이 그렇게 생각하고 있는 일..
그 날은 오지 않을 수도 있습니다.
미래는 보장되어 있지 않으며
사람은 모두 늙어가며
모든 사람이 자기의 일을 마치기 전에
다른 세상으로 갑니다.

당신이 하고 싶은 일
하나님께서 당신을 창조하실 때
당신의 영혼에 각인시켜 놓은 일
그 일을 하십시오.
남들이 알아주지 않아도
남들이 이해할 수 없어도
당신에게 행복을 줄 수 있는 일...
그 일을 하십시오.
당신은 보람과 기쁨을 얻게 됩니다.

열정이 없는 인생은 허무하고
흥분이 없는 삶은 비참한 것,
단순히 먹고 살며

생명을 지탱해 나가지 말고
지금 그 일을 하십시오.

지금은 모든 것이 어둡게 보여도
당신의 영혼의 소원과 감동을 따라 걷다 보면
언젠가는 엘리야의 손바닥만 한 구름이
떠오르게 됩니다.
그 손바닥만 한 구름이
잠시 후에 하늘을 캄캄하게 가리며
엄청난 폭우를 동반할지 누가 알겠습니까?
기쁨의 폭우, 영광의 폭우를
쏟아 부을지 말입니다.

당신이 하고 싶은 일,
지금 그 일을 하십시오.
당신이 태어난 목적,
당신이 해야 할 일을 찾으십시오.
아무도 이해하지 못할지라도
당신은 행복해질 수 있습니다.

5. 두 여인

지하철 안 맞은편 좌석에
두 여인이 앉아 있습니다.
한 사람은 할머니, 한 사람은 중년 부인.
두 사람은 서로 똑같이 닮았습니다.
아마 어머니와 딸이겠지요.
그 둘은 정말 신기하게 닮았습니다.
차이가 있다면
주름살의 차이와 세월의 무게일 뿐.

두 여인을 쳐다보니
세월의 흐름이 느껴집니다.
두 여인의 얼굴 속에
흘러가 버린 지난 시절과
앞으로 다가올 미래의 모습이 보입니다.
두 여인은 서로 마주보면서
이렇게 생각할지 모릅니다.
내가 저 나이 때 무슨 생각을 했었지..
내가 저 나이가 되면, 무슨 생각을 할까..

세월은 흐르고
우리는 모두 늙고 죽습니다.
지금,
늙어가면서 죽어가면서
우리는 무엇을 남기고 있을까요.
우리의 영혼의 노트에
지워지지 않는 그 영원의 노트에
우리는 무엇을 기록하고 있을까요.

6. 들을 귀가 있다면..

선배가 후배에게 말을 합니다.
후배, 이 결혼을 다시 생각해 봐.
이 결혼은 하나님이 기뻐하시지 않는 것 같아.
두 사람은 신앙도, 성격도,
서로 맞지 않아.
서로 많은 고통을 경험하게 될 거야.
자매가 아무리 아름다워 보여도
그건 결코 오래가지 않아.
후배는 대답합니다.
형님, 저 결심했어요.
저는 그녀를 사랑합니다.
어떤 대가든지 다 치를 거예요.

많은 고통의 세월을 보내고
후배는 선배에게로 옵니다.
그리고 말을 합니다.
형님, 앞으로 누구든지
서로 맞지 않는 결혼을 한다면,

저에게 말씀해주세요.
제가 가서 뜯어말릴 거예요.

선배가 대답합니다.
후배, 사람들은 아무도 듣지 않아.
후배가 그랬듯이
사람들은 누가 뭐라 해도
자신이 경험하지 않은 것은
듣지도 않고 믿지도 않아.
앞서간 사람들의 이야기는 다 소설이고
자기는 다르다고 생각해.

하지만 삶은 되풀이되는 것,
시간이 흐르고 세월이 쌓이면
자기도 소설의 한 부분인 것을 알게 돼.
때는 이미 늦고
자기도 남과 다르지 않다는 것을
알게 되지.

만약 자신을 믿지 않고
자신의 감정을 신뢰하지 않으며
마음의 귀를 기울일 수만 있다면,

모든 사람들이 걸어가는
고통의 길을
가지 않을 수도 있을 텐데.
지혜를 얻고
생명의 길을 발견할 수도
있을 텐데.

하지만 대부분의 사람들은
많은 고통을 통과하기 전까지는
듣는 법을 배우지 못하지.
충분히 시간이 흐르고
충분히 고통을 경험한 후에
그들은 듣고 배우며
비로소 성장해 갈 수 있을 거야.

7. 지혜의 길

스승을 기억하는 제자는 많지 않으나
스승의 마음에는 항상 제자가 있습니다.
부모를 기억하는 자녀도 많지 않지만
자녀들은 부모의 마음 한 구석에 영원히 존재합니다.
시집가는 딸의 마음은 기쁨과 희망으로 가득하지만
딸에게는 낭만과 행복인 그 밤에
아버지는 밤중에 깨어 일어나 비워진 딸의 방으로 갑니다.
거기서 그는 딸의 앨범을 한 장씩 넘깁니다.
딸이 어떠한 환란이나 어려움에 봉착하기 전까지
그녀는 부모를 기억하지 않을 것입니다.
부모의 마음을 알 수 없을 것입니다.
떠나는 사람들은 많은 것들을 잊어버리지만,
남아있는 사람들은 아직도 많은 것을 기억하고 있습니다.
하나님의 은혜를 기억하고 있는 이는 드물지만,
하나님의 마음은 항상 우리를 향하고 계십니다.

그 어느 누구도
자신이 경험하지 않은 것을 알지는 못합니다.

자식은 부모가 되었을 때 부모의 마음을 알며
제자는 스승이 되었을 때 스승의 마음을 압니다.
잃어버린 영혼을 사랑하며 양육하지 않은 사람은
아무도 하나님 아버지의 마음을 이해할 수 없습니다.
세월이 흐르고 고난을 겪은 후
사람들은 많은 것을 배우게 됩니다.
아버지의 마음을, 스승의 마음을, 목자의 마음을.

많은 실수와 실패를 통하여
사람은 지혜를 배우고
주님의 마음을 알게 됩니다.
그리고 무지했었던 지난 시절에 대하여
후회와 회한으로 가득하게 됩니다.
그리고 자기가 걸었던 잘못된 길을 걸어가고 있는
수많은 젊은이들을 보게 됩니다.
그러나 그는 그들에게 충고하지 않을 것입니다.
과거에 그가 듣지 않았던 것처럼
그들도 그의 말을 듣지 않을 것입니다.

인생에는 항상 후회가 있고
각 사람은 자기 분량의 아픔이 있는 것
아무도 그것을 감해줄 수 없을 것입니다.

지혜로운 충고나
사랑의 권면으로도
그것은 감할 수 없을 것입니다.
비로소 눈이 뜨여져
겸손을 배우고
하나님을 의뢰하는 법을 배우며
지나간 시절을 후회하지만
이제 그는
새로운 세상으로 떠날 날이 가깝습니다.

많은 고난과 실패로 인하여
인생은 지혜를 배우고
영혼을 발전시킵니다.
비로소 하나님의 마음을 느끼며
사람을 이해하기 시작합니다.
인생에는 시련과 훈련이 있으며
넘어짐과 깨달음을 통하여 성장해 가는 것,
그리하여 우리는
영원을 항해할 준비를 마치게 되는 것입니다.

8. 가장 중요한 일

글을 쓰고 있는데 아이들이 아빠 방으로 옵니다.
그들은 4학년 여자아이, 6학년 남자아이입니다.
그들이 말합니다.
아빠, 공기해요.
재미있는 이야기해줘요.
놀아 줘, 잉.
369게임 해요.
아빠는 대답합니다.
미안해. 얘들아.
아빠, 글 써야 한단다.
조금 있다 놀자.
그들은 서운해 하며 밖으로 나갑니다.

글을 마치고 일어나니 밤이 깊습니다.
아이들 방에 가보니 아이들은 잠이 들어있습니다.
나는 조용히 그들의 자는 모습을 봅니다.
아들놈은 요란하게 잠을 잡니다.
뭐라고 마구 중얼거립니다.

요란하게 몸을 움직입니다.
벽에가 머리를 '쾅!' 박고 '으악!' 하기도 합니다.
갑자기 일어나 앉기도 합니다.
눈을 감고 앉은 채로 머리를 벅벅 긁더니
다시 픽 쓰러져 잡니다.
자는데도 요란합니다.

딸도 입을 쩝쩝거리며 잡니다.
꿈에서 무엇을 먹는 모양입니다.
볼에 뽀뽀를 하니
얼굴을 돌리고 도망갑니다.
그리고 뽀뽀한 자리를 긁습니다.
아빠는 뽀뽀했는데
꿈에서는 모기가 물었나봅니다.

나는 아이의 조그만 콧구멍을 어루만집니다.
아이의 조그만 손가락을 어루만집니다.
그리고 생각에 잠깁니다.
글을 쓰는 것과 아이들과 노는 것,
어느 것이 더 소중할까.
일을 하는 것과 아이들과 지내는 것,
어느 것이 더 가치 있는가.

물론 둘 다 가치 있는 일입니다.
그러나 글은 나중에도 쓸 수 있지만,
일은 나중에도 할 수 있지만,
이 아이들과 함께 할 수 있는 날들은
앞으로 그리 많지 않을 것입니다.
불과 몇 년 만 지나도 그들은 그러겠죠.
아빠가, 얘들아, 놀자, 하면
아빠, 지금 바빠요.
리포트 써야 해요.
데이트해야 해요.
아빠, 지금 시간이 없어요. 나중에요.

그리고 언젠가 그들은 떠나가겠죠.
명절에 한 번씩 찾아오고
그들의 아이들이 엄마, 아빠 같이 놀아요.. 할 때
얘들아, 미안해. 엄마는 바쁘단다. 아빠는 시간이 없단다..
그렇게 살게 되겠죠.
나는 지금의 시절을 그리워하며
왜 내가 그들과 놀아 주지 않았을까 후회하겠지요.

아빠는 결심을 합니다.
내일이 되면,

나는 애들과 놀 거야.
369게임도 하고
재미있는 이야기도 해야지.
나무꾼과 선녀이야기,
아빠가 만든 엉터리 동화를..
아무도 좋아하지 않는 이야기지만,
우리 애들에게는 세계 명작보다도 훌륭한 동화를..
공기놀이를 해야지.
이기기도 하고, 져주기도 하면서..
나는 내 방으로 옵니다.
그리고 잠자리에 듭니다.
내일이 어서 오기를 기다리면서..
내일은 분명히 아름다운 하루가 될 것입니다.

9. 보이지 않아도 사랑입니다

나의 아버지는 몹시 무서웠습니다.

나는 아주 어릴 적부터 아버지를 두려워했습니다.

나는 평생 동안 아버지와 대화다운 대화를 해 본 기억이 없습니다. 아니, 대화다운 대화가 아닌 일반적인 대화도 나눈 기억이 없습니다.

나는 그를 아버지로서 느끼기보다는 그저 두려운 존재로 느꼈었습니다. 우연히 길에서 아버지를 마주쳐도 우리는 서로 모른척하고 지나갔습니다.

아버지는 어릴 적부터 고아로 자라셨습니다. 그리고 초등학교 1학년 밖에 다니지 못했습니다. 그러나 그는 머리가 뛰어난 편이어서 독학으로 경찰 시험에 합격하셨고 경감의 직위까지 올라가셨습니다.

환경 때문인지, 원래 그런 기질인지는 모르지만 그는 매우 단순하고 거칠었습니다.

한번은 그가 옷을 사왔습니다. 그런데 내게는 턱없이 작은 치수의 옷이었습니다. 나는 말했습니다.

"아버지, 바지가 작아서 안 들어가요."

그는 불같이 화를 내더니 나를 때리고 바지를 찢어버렸습니다.

나는 그 뒤로는 아버지가 주는 것이면 크든 작든, 내게 필요하든 그렇지 않든, 아무 말도 해서는 안 되는 것을 배웠습니다.

한번은 밥을 먹을 때 내가 젓가락으로 생선을 건드리고 있었습니다.

그가 갑자기 벼락같은 목소리로 외쳤습니다.

"왜 이 생선을 다 먹지도 않고 새것을 건드리네!"

나는 기절할 듯이 놀랐습니다. 그의 목소리는 어린아이가 듣기에는 너무 컸기 때문입니다.

나의 심장은 뛰었고, 숨은 멎을 것 같았고, 눈에서는 눈물이 한없이 흘러내렸습니다. 나의 젓가락은 결코 다시는 생선 근처로 가지 않았습니다.

초등학교 2학년 시절, 몹시 추운 겨울날이었습니다. 나는 학교로 가고 있다가 길에서 아버지를 만났습니다.

그런데 아버지가 나를 보더니 내게 가까이 오는 것이었습니다.

나는 겁이 더럭 났습니다. 아버지가 왜 내게 오는 걸까?

그는 내 옆에 오더니 가죽 장갑을 낀 손으로 갑자기 내 코와 입을 틀어막는 것이었습니다. 나는 아버지가 나를 잡아 죽이려는 줄 알았습니다. 나는 숨이 막혀서 졸도할 지경이었지만, 아무튼 그 상태로 한참을 끌려갔습니다.

학교에 다 와서야 그는 나를 풀어주었습니다. 그는 내 코와 입이 너무 추워서 빨갛게 되었으니까 추위를 막아주려고 한 것 같

있습니다. 그러나 나는 추위보다도 그의 손길에서 살아서 빠져 나온 것이 훨씬 더 행복했습니다.

아버지는 경찰을 그만 두시고 오랫동안 실업자로 계셨기 때문에 우리 집은 몹시 가난했습니다.

학교에 돈을 내야 하거나 무엇이 필요할 때, 나는 조심스럽게 어머니에게 이야기를 합니다. 어머니로부터 아버지에게 그 이야기가 전달되면, 그의 반응은 한결같았습니다.

그는 벽력같은 소리로 "돈이 어디 있네?" 하고 외쳤고, 그것으로 끝이었습니다.

나는 하루, 이틀이 지난 후에 아버지가 조심스러운 표정으로 "얼마가 있어야 하네?" 하고 묻는다는 것을 알고 있었습니다. 그러나 대부분 이미 상황은 끝난 다음이었습니다.

가끔 아버지는 나를 공중목욕탕에 같이 데리고 갔습니다. 나의 기억에 그것은 내 평생 최악의 고문이었습니다.

그는 내게는 엄청나게 뜨거운 목욕탕의 물 안에 아무런 갈등 없이 나를 텀벙! 하고 빠뜨렸습니다. 그리고는 나를 여러 번 물에 담갔다가 꺼냈습니다.

그리고는 나를 놓아주고 자기의 때를 벗기기 시작합니다. 그 시간은 나의 자유 시간 이었습니다. 그러나 그의 목욕이 끝나고 내가 그의 손에 붙잡히는 시간이 오면, 그 때부터 껍데기를 벗기는 고문은 시작되었던 것입니다.

그의 손의 힘은 너무 강했고, 나의 피부는 너무 약했습니다.

그가 나의 때를 벗기는 순간, 나는 울음을 참느라고 이를 악물고 있었습니다. 혼자 목욕을 할 수 있는 나이가 되기를 나는 얼마나 사모하고 기다렸는지요!

나에게 아버지는 항상 공포의 대상이었고, 학교에 갔다 와서 집에 아버지가 계시지 않으면 나는 너무나 행복했습니다.

그러나 나이가 들면서 결혼을 하고 아버지가 되고 자녀를 키우면서 나는 많은 새로운 것들을 알게 되었습니다.

나는 어릴 때에, 그리고 청년 시절에 아버지의 마음도, 사랑도, 인생도, 아무 것도 알지 못했습니다. 눈에 보이는 겉으로 드러난 것 외에는 아무 것도 보지 못했습니다.

나는 지금 아버지의 마음을 느낍니다. 그는 내가 생각했듯이 자식에게 관심이 없고 거칠고 무서운 사람이 아니었습니다.

그는 마음속 깊은 곳에서는 따뜻함을 가지고 있었습니다. 자식에 대한 애정을 가지고 있었습니다. 다만 그것을 잘 표현할 줄 몰랐습니다.

그는 어린 시절에 부모님이 돌아가시고 고아로 자랐습니다. 그래서 부모로부터 사랑한다는 말을 들어본 적이 없었습니다. 따뜻하고 친절한 대접을 받은 적이 없었습니다.

그는 사랑이 없었던 것이 아니라 그의 속에 사랑을 가지고 있었지만 그것을 부드럽고 자연스럽게 표현하는 방법을 몰랐던 것입니다. 그래서 그는 자신의 선물이 거부될 때 자신이 거부된 것처럼 느끼고 폭발했던 것입니다. 그는 마음속에 애정이 있었지만 그것이 어린이들에게는 좀 더 따뜻하고 부드럽게 표현되어야 하는 것을 알지 못했던 것입니다.

아버지가 대장암으로 병상에 있었을 때에 나는 병원에서 같이 잠을 자면서 아버지와 함께 대화를 나눌 수가 있었습니다.
내 기억으로는 평생 처음으로 아버지와 나눈 진지한 대화였습니다. 나는 아버지께 이렇게 말씀을 드렸습니다.
"아버지, 저희가 아버지에게 받고 싶었던 것들은 결코 돈이나, 선물 같은 것이 아니었어요.."
나는 말을 이어갔습니다.
"다만. '내 아들아, 내가 너를 사랑한다' 하는 말이었지요..."
나는 아버지의 눈가가 젖어드는 것을 발견했습니다.
"내가 그런 면에서는 부족한 것이 참 많지.."
나는 아버지가 자기의 부족함을 시인하는 말을 평생 처음으로 들었습니다.
나는 계속 말했습니다.
"하지만, 아버지, 이젠 괜찮아요. 저는 이제 하나님을 만났거든요. 더 이상 외롭지 않거든요.."
그리고 나는 따뜻한 마음을 실어서 그에게 말했습니다.
"아버지, 사랑해요..."

나는 내 자신에게도 놀랬습니다. 내가 평생을 두려워하던 아버지에게 이런 애기를 할 수 있다니!

나는 아버지가 우시는 것을 보았습니다. 평생 거의 보지 못하던 아버지의 눈물이었습니다.

나도 울고 있었습니다. 아버지의 손을 꼬옥 잡은 채로..

그의 손은 그렇게 크지도, 강하지도 않았습니다. 그저 따뜻하고 작은 손이었습니다.

그 아버지는 지금 이 세상에 없습니다.

그는 지금 하늘나라에 계십니다. 그는 마지막 임종을 눈앞에 두고 모든 가족, 자식들과 이별을 했습니다. 자기의 평생의 잘못한 모든 것들을 다 용서해 달라고.. 자기는 사람도 아니고 짐승이라고.. 우리는 모두가 울었습니다.

이제 나는 생각합니다.

눈에 보이는 것만이 사랑이 아니라고..

아니, 어쩌면 사랑은 감추어지고, 보이지 않는 것이라고..

젊은이들은 생각합니다.

아름다움, 친절, 부드러운 목소리, 따사로움.. 이런 것이 사랑이라고..

그렇습니다. 그것은 사랑의 아름다운 표현입니다.

그러나 그러한 사랑을 보여주지 못하는 사람도 있습니다.

사랑의 분위기를 느끼게 해주지 못하는 이들도 많이 있습니다.

마음에는 원이지만, 그렇게 자연스럽게 표현하지 못하는 사람들, 그러한 부모님들도 이 땅에는 많이 있는 것입니다.

　때로는 욕하고 때릴지도 모르지만,
그것도 사랑입니다.
때로는 화내고 야단치지만,
그것도 사랑입니다.
때로는 무관심해 보이지만,
그 안에 사랑이 있습니다.
비록 그 속에 숨겨놓은 사랑의 언어를 읽기는 너무나 어려워도,
모든 부모들, 모든 사람들의 마음속에는
사랑이 숨겨져 있는 것입니다.
모든 사람의 마음속에 사랑이 있습니다.
그것은 쉽게 눈에 보이지 않을지 모르지만,
보이지 않아도,
그래도 역시 사랑입니다.
나이가 들고 삶의 무게가 쌓이고
우리의 영혼이 맑아진다면
우리들은 그것들을 볼 수 있게 될 것입니다.

10. 지금은 보이지 않습니다

 영국에 한 여자아이가 있었습니다. 이 꼬마가 여덟 살일 때 어느 날 엄마에게 다가와 물었습니다.
"엄마."
"왜?"
"하나님은 우리가 기도하면 들으셔?"
"그럼. 들으시고말고."
"그럼 무슨 소원이든 들어주시는 거야?"
 엄마는 빙그레 웃으며 대답합니다.
"그럼. 무엇이든지 열심히 기도해보렴. 들어주실 거야."
 그날 밤, 이 어린 소녀는 거울 앞에서 기도했습니다.
"하나님, 저에게 소원이 있어요. 왜 저는 친구들처럼 눈이 파랗지 않고 새까말까요? 그래서 친구들이 놀려요.
 그러니까요, 하나님. 무슨 소원이든지 들어주신다고 하셨죠? 내일 아침에 눈을 뜨면 제 눈이 파랗게 되게 해 주세요."
 소녀는 즐거운 마음으로 잠이 들었습니다.
 이튿날 아침, 소녀는 눈을 뜨자마자 거울 앞으로 갔습니다. 그리고 자기의 눈동자를 바라보았습니다. 그러나 안타깝게도 그녀의 눈동자는 여전히 새까맸습니다.

소녀는 울면서 엄마에게 달려갔습니다.

"엄마, 거짓말이야! 하나님도 거짓말쟁이야! 봐, 아직도 내 눈이 까맣잖아! 기도해도 안 들어주시잖아!"

세월이 흐르고 그녀는 어른이 되었습니다.

그녀는 인도에 선교사로 가게 되었습니다.

그녀는 서양 사람이었지만 눈동자도 새까맣고, 외모도 동양적인 분위기를 가지고 있었습니다. 그래서 인도사람들은 그녀에게 마음의 문을 쉽게 열었습니다. 그녀가 어릴 적에 그토록 싫어했던 까만 눈동자, 그것이 그녀에게는 큰 은총이 되었던 것입니다.

나는 어떤 헌신된 부부를 압니다. 그들은 필리핀의 선교를 위하여 비행기를 타고 떠났습니다.

그러나 어떤 일인지 입국이 거절되어 한국으로 돌아오게 되었습니다. 오랜 기간의 준비와 훈련과 기도가 물거품이 되어 버린 것입니다. 어려운 형편에 비행기 값만 날려버린 것입니다. 그들은 몹시 혼란스러웠고, 고통스러워했습니다.

어느 날 교회에서 같이 식사를 할 때 아내 된 자매가 갑자기 없어져 버렸습니다. 그녀는 혼자 옥상에 올라가 여러 가지 상념에 잠겼던 것 같았습니다.

한참 후에 내려온 그녀의 눈은 몹시 부어 있었습니다.

누가 경험하지 않고서 그녀의 좌절을 이해할 수 있을까요?

그러나 몇 년의 시간이 지난 후, 그녀는 이렇게 말했습니다.

"지금 생각해보면, 그때 가지 못하게 된 것이 잘 된 것 같아요. 우리는 그때 너무 준비되지 않았거든요.. 참 감사해요..."

그렇습니다. 우리의 인생에는 우리의 계획대로 되지 않는 것이 너무나 많습니다.
아무도 자기의 삶을 계획하면서 골짜기를 계획하지 않습니다.
슬픔, 좌절, 고독, 버림받음을 아무도 계획하지 않습니다.
아무도 이혼과 성격적인 갈등, 가족 부양의 부담과 고통을 계획하고 결혼하지 않습니다.
오직 우리의 계획 속에서는 희망과 기쁨, 즐거움만이 있을 뿐입니다. 그러므로 우리는 우리가 예상하지 못했던 일들이 올 때 무척 당황하고 힘들어합니다.
우리는 실패했다고 생각합니다.
하나님은 나를 버렸다고 생각합니다.
더 이상 살아갈 용기가 없다고 생각합니다.
그러나 우리가 기억해야 할 것은 우리를 고통스럽게 하는 그 환경, 그 조건들이 사실은 우리를 더 아름답고 풍성하게 한다는 사실입니다.
언젠가 우리에게 영원을 향한 눈이 열릴 때 우리는 알게 될 것입니다. 우리가 그토록 원했던 것이 사실은 별로 대수로운 것이 아니며 우리가 그토록 싫어했던 것들이 오히려 우리의 영혼에 도움이 되었다는 것을 말입니다.

내가 혼자라고 생각할 때에
하나님의 사랑은 함께 하시고
이제는 끝났다고 생각하는 순간에
희망은 바로 옆에 있습니다.
지금은 보이지 않아도
그때는, 당시에는 알 수가 없을지라도
바로 지금은 축복의 순간입니다.
지금 당신은 당신의 까만 눈동자를 싫어할지 모르지만
언젠가는 그것이 진정한 복이었음을 알게 될 것입니다.
지금 당신은 당신의 환경이 싫을지 모르지만,
언젠가는 그것이 진정한 행복의 순간임을 알게 됩니다.
인생에는
우리의 영혼의 성장에 도움이 되지 않는 일은
결코 생겨나지 않습니다.
그러므로 우리에게 다가오는 모든 일들이
우리의 성장을 도와주는 것입니다.
그때는 보이지 않았어도
그것은 우리에게 축복입니다.
지금은 보이지 않아도
지금은 우리에게 행복의 순간입니다.
언젠가 모든 것을 보게 될 때
우리는 진정 감사하게 될 것입니다.

11. 화이트 크리스마스

 12월이 되고 한 해가 저물어 가면 거리에는 크리스마스카드며 캐럴들이 한해의 마지막을 장식하려는 듯이 가득 메워집니다.
 그 많은 캐럴 중에서도 내 마음 깊은 곳에서 마치 샘물이 흐르듯 그 조용하고 따스한 여운이 지워지지 않는 곡이 있습니다. 그 곡은 찬송가 112장의 "그 맑고 환한 밤중에" 입니다.
 나는 이 곡을 아주 좋아합니다.
 곡조의 분위기도 마음에 들지만, 이 노래를 가만히 듣고 있노라면 내 자신이 어디론가 깊은 곳에, 정말 감미로운 천사들의 음악소리가 있는 곳에 가라앉고 있는 듯한 기분이 드는 것입니다.

 그것은 1977년 한 겨울밤의 일이었습니다. 그 해 여름에 내가 군에 입대를 했으니까 군대에서 처음으로 맞는 겨울이 되는 셈이었습니다.
 그때 내가 소속한 부대에서는 38선의 철책선에서 경계근무를 담당하고 있었습니다. 나는 훈련을 마치고 10월쯤에 자대에 들어와서 생활을 시작하게 되었습니다.
 거기서는 하루에 여덟 시간 내지 열 두 시간씩 철책선에서 보초를 서는 일 외에는 별로 하는 일이 없었기 때문에 보초근무중의 추위만 잘 견뎌낼 수 있다면 그럭저럭 편안하게 지낼 수가 있었습니다.

 우리 소대는 20여명의 소대원과 1명의 소대장으로 구성된 아담한 소대였습니다. 소대장님은 ROTC출신의 쾌활하고 다감한 성품의 그리스도인으로서 소대원을 친동생처럼 따뜻하게 대해 주었기 때문에, 우리 소대는 군대라기보다는 깊은 산골에서 20여명의 형제들이 공동생활을 하고 있는 것과 같이 느껴질 정도로 포근하고 화기애애한 분위기였습니다.

 근무가 없을 때에 우리는 내무반에서 기타를 치면서 노래를 부르거나 토끼를 잡으러 가기도 했습니다.

 어느 병장이 자칭 '토끼잡이의 귀재'라고 해서 우리는 그를 따라 다녔는데 내 기억으로는 토끼를 잡으려다가 넘어져서 부상을 당한 적은 있어도 토끼를 잡은 적은 없는 것 같습니다.

 소대장님은 그에게 항상 말씀 하셨지요. '네가 토끼를 잡아? 아이고, 토끼가 너를 잡겠다..' 라고 말입니다.

 12월 중순에 있었던 중대 노래 시합에서 우리 소대는 다섯 명이 참가해서 나의 기타반주로 '연가'를 불렀는데, 멋진 화음을 구사해서 우승을 차지했던 것은 참으로 즐거운 추억이었습니다.

 우승하기까지 우리는 많은 연습을 했지요. 저녁을 먹은 후에는 계속해서 '비바람이 치는 바다..'를 되풀이했는데, 소대장님은 '저놈의 비바람, 언제까지 몰아치나..' 하시곤 했으니까요.

재미있는 일도 많이 있었습니다. 한 번은 소대에서 예배를 드렸는데 내가 설교를 하게 되었습니다.

 우리 소대에는 교회 물을 약간씩 먹은 엉터리 신자들이 많았는데 그 중에서 비교적 내가 덜 엉터리 같다는 것이 선정된 이유였지요. 하지만 나도 날라리 신자였기 때문에 무슨 이야기를 해야 될지 몰라서 들은 풍월을 총동원해서 헤매고 있었는데, 이야기가 길어지게 되자 졸다가 비몽사몽이 된 김 병장이 갑자기 담배를 피워 물은 것이죠.

 조용히 다가간 소대장님이 담배를 뺏으며 말씀하셨습니다.
 "김 병장, 정신 차려. 조금만 있으면 끝나."

 잠을 자는 시간을 빼놓으면 대부분의 시간을 보내는 곳은 철책선의 보초서는 곳이었습니다. 보통은 두 명이 들어가 근무를 하게 되는데, 자칫 졸다가 순찰자에게 적발되면 그것은 정말 비극이었습니다.

 그래서 우리는 졸음을 쫓기 위하여 운동도 하고 또한 심심하지 않도록 많은 이야기를 주고받아야 했습니다.

 군대에서 하는 이야기란 뻔한 것이지요. 과장이 가능한 자신의 사회생활의 무용담, 주로 연애하던 이야기들.. 고참을 즐겁게 해주기 위하여 나는 여러 가지의 이야기를 열심히 떠들어대었습니다. 그 상황을 무사히 넘길 수 있었던 것은 나의 풍부한 상상력 덕분이었을 것입니다.

간혹 혼자서 근무하게 되면 옆에 떨어진 초소와 큰소리로 외치기도 하면서 밤의 고독을 견디어 냈습니다. 언젠가는 노래를 번갈아 하면서 기나긴 밤을 때우기도 했는데, 내가 "Like a bridge over troubled water"를 열창해서 양쪽 초소로부터 받은 앙코르와 환호는 아직도 기억을 새롭게 합니다.

그렇게 시간이 흐르면서 크리스마스가 가까워지기 시작했습니다. 군대에서는 명절이 되면 더 외로워지는 경향이 있습니다. 물론 고향과 가족들 생각 때문이지요.

집을 떠나 처음으로 맞게 되는 크리스마스 - 집에서, 교회에서 불렀던 임마누엘의 찬미, 메시야의 합창소리, 크리스마스트리와 징글벨 소리, 새벽송을 돌면서 나누었던 수많은 찬양과 이야기들.. 나는 갑자기 외롭고 서글퍼졌습니다.

그때 내가 간절히 원했던 것은 캐럴, 주의 탄생을 찬미하는 찬송가소리를 듣는 것이었습니다. 그것은 나뿐만이 아니라 우리 소대원, 소대장 모두의 바램이었습니다.

우리는 사실 대부분이 기독교와는 별로 관련이 없었지만, 간혹 신자가 있다고 해도 독실한 신자는 아니었고, 날라리 신자들이었지만, 그래도 모두가 활기찬 '징글벨' 소리를 듣고 싶어 했습니다.

우리는 모두 '루돌프 사슴 코'를 들으면서 깡총 깡총 뛰고 싶어

했으며, '고요한 밤, 거룩한 밤..'에 숙연해지고 싶어 했습니다. 하지만 내무반에 카세트 라디오는 있었으나, 캐럴 테이프는 한 개도 없었습니다.

그러나 우리는 하나의 소망을 가질 수 있게 되었습니다. 그 즈음에 휴가를 가는 김 병장의 돌아오는 날이 바로 크리스마스 이브였던 것입니다.

우리는 모두가 다 같이 흥분했습니다. 그리고 김 병장에게 저마다 캐럴 테이프를 사오라고 부탁을 했습니다. 그것은 우리에게 있어서 최대의 크리스마스 선물이 될 것입니다.

김 병장이 떠난 후, 좀처럼 시간이 가지 않았습니다. 밤의 철책선 근무가 너무나 지겨워졌습니다. "고요한 밤.."을 불러 보았으나 도무지 감동이 되지 않았습니다.

옆에서 같이 근무하던 박 상병도 별로 이야기를 시키지 않고 그저 시무룩하게 있을 뿐이었습니다.

드디어 24일이 되었습니다. 모두가 손꼽아 기다리던 휴가를 갔던 김 병장이 귀대하는 날이 된 것입니다.

그런데 어처구니없는 상황이 생겼습니다. 지난밤부터 눈이 엄청나게 많이 내려서 부대로 오는 유일한 교통수단인 버스가 끊어져 버린 것이었습니다. 정말 반갑지 않은 화이트 크리스마스였습니다.

그 날 온종일 기다렸으나 김 병장은 저녁이 되도록 돌아오지 않앉습니다. 이래서는 오늘 도착하기는 틀린 것입니다. 이 밤에 근처에 도착했다고 하더라도 차도 없는데 그 먼 거리를 걸어올 수는 없는 일이니까요. 너무 상심이 되어 나는 서글픈 마음으로 근무를 나왔습니다.

이 날은 12시까지만 근무하면 됩니다. 그렇지만, 그렇게도 듣고 싶은 캐럴을, 찬양을 듣지 못하고 크리스마스를 맞게 되다니.. 갑자기 엄청난 외로움이 전신을 휩쓸었습니다. 그 밤은 진정 슬프고 쓸쓸하고 고독한 밤이었습니다.

지루했던 철책선 근무 시간을 겨우 보내고 얼어서 감각이 없어진 발을 동동 구르며 내무반으로 들어와 보니 모두들 잠이 들어 죽음과 같은 정적이 흐르고 있었습니다.

깨어있는 사람은 소대장님 혼자뿐이었습니다. 그는 잠이 오지 않는 듯 난로 옆에 가만히 앉아 있다가 나를 보고 살짝 미소를 지었습니다.

나는 잠자리에 들어갔지만 도무지 잠이 오지 않았습니다. 이런 저런 생각에 몸을 뒤척이다 보니 새벽 2시를 치는 벽시계 소리가 들렸습니다.

그런데 그때 갑자기 밖에서 발자국 소리가 들리는 것이었습니다.

'이상하다.. 근무교대 시간은 아직 멀었는데, 웬일일까..'

몸은 누워 있는 채로 열심히 문 쪽에 신경을 집중시키고 있는

데, 그것은 둔탁한 발걸음 소리가 되어 문 앞에 가까이 오더니 우악스럽게 문을 두드리는 것이었습니다.

 소대장님이 급히 일어나 문을 열었습니다.

 침구 속에서 살짝 내다보니, 밖에는 눈을 흠뻑 뒤집어 쓴 김 병장이 헐떡거리며 서 있는 것이 아닙니까!

 그는 버스가 끊어진 눈길을 카세트테이프를 움켜쥐고, 네 시간이 넘도록 넘어지고, 자빠지면서 쉬지 않고 달려왔던 것입니다.

 내일 귀대해도 될 것을.. 기다리는 소대원들을 기쁘게 해 주려는 일념으로 그는 그렇게 열심히 달려왔던 것입니다.

 그 추운 날씨에도 불구하고 김이 무럭무럭 나고 있는 그의 몸은 상처투성이였으며, 힘은 하나도 남지 않았습니다.

 그러나 그는 우리 모두가 자고 있는 것을 보고 몹시 실망한 눈치였습니다.

 소대장님은 그의 탈진한 몸을 얼싸안았습니다.

 그리고 치하를 했습니다.

 잠시 대화가 오고 간 후 소대장님은 그가 가져온 캐럴 테이프를 카세트 라디오에 집어넣고 스위치를 눌렀습니다.

 나는 심하게 고동치는 가슴을 진정하려고 노력하며 침구 속에서 온 신경을 카세트 라디오의 소리에 집중하고 있었습니다.

 드디어 잠시 후에 내가 그토록 기다렸던 노래가 흘러나오기 시작했습니다.

그 맑고 환한 밤중에 천사들 내려와
그 손에 비파 들고서 다 찬미하기를
평강의 왕이 오시니 다 평안하여라.
그 소란하던 세상이 다 고요하도다..
아아! 그것은 얼마나 감미로운 것이었는지, 얼마나 포근한 음성이었는지요..
나는 베개에 얼굴을 묻고 흐느껴 울었습니다.
나의 눈물은 흘러 내려와 베개를 적시었고, 베개의 축축하게 젖은 부분이 얼굴에 기분 좋게 느껴지면서 이상하게 나는 마치 엄마 품에 있는 아기처럼 안심이 되고, 따뜻해진 느낌이었습니다.
그것은 온 누리를 덮은 눈으로 인하여 그토록 맑고 환해진 밤중에 진정 하늘에서 천사들이 내려와 비파를 들고 노래하는 것 같은 느낌이었습니다.

나는 지금도 확신하고 있습니다.
하나님께서 나를 위해서 천사들을 보내주시고, 그 곡을 들려주셨다고, 그리고 상심에 빠져 있었던 내 마음을 위로하셨던 것이라고.. 지금도 그렇게 믿고 있는 것입니다.
그리고 그 시절을 생각하면 지금도
천사들이 새 하얀 눈 위에서
아름다운 사랑의 노래, 축복의 노래를 부르고 있는
그 소리가 내 마음속에 들려오고 있는 것입니다.

12. 삶의 가르침

할머니, 할아버지에게 컴퓨터를 가르치는 선생님이 있습니다.
선생님이 말씀하십니다.
"자, 여러분, 대화 창을 닫으세요."
학생들이 투덜거립니다.
"창문까지 너무 먼디, 언제 가서 닫아유.."
"노인에게 별걸 다 시키네.."
선생님은 한숨을 쉽니다.
다시 이야기합니다.
"자, 한컴 타자연습을 하세요..."
질문이 나옵니다.
"선상님, 글자가 안 나오는 디유..."
선생님이 그리로 갔다가 비명을 지릅니다.
"악! 타자연습을 마우스로 하시면 어떻게 해요.. 흑흑.."
다시 선생님이 시킵니다.
"여러분, 이 디스켓을 복사해 보세요."
또 질문이 나옵니다.
"복사기가 어디 있는데유?"
선생님은 다시 땅이 꺼져라 탄식을 합니다.

동일한 내용을 10번 이상 묻는 분도 계십니다.
 선생님은 푸념을 합니다.
 "내가 늙는다, 늙어.."
 드디어 한 달이 지나고 무사히 교육은 끝났습니다.
 선생님은 무사히 교육이 끝난 것이 너무 기쁘고, 감개가 무량했습니다. 마지막 수업이 끝나기 직전, 한 분이 손을 들고 물었습니다.
 "선상님, 컴퓨터를 어떻게 키는 거예유?"

 무엇인가를 가르친다는 것은 진정 무한한 인내를 필요로 합니다. 주님께서도 우리에게 날마다 많은 것을 가르치십니다. 말씀하십니다.
 그러나 우리는 듣지 못합니다. 이해하지 못합니다. 사랑하기, 용서하기, 관용하기, 감사하기.. 우리는 수없이 배우면서도 주님의 마음을 잘 알지 못합니다.
 그렇기 때문에 일상의 수많은 고통들, 실패들, 마음의 아픔을 겪으면서도 우리는 삶을 통해 가르치시는 주님의 의도를 배우지 못합니다.
 주님께서는 우리에게 계속해서 사랑하라고 말씀하십니다.
 언젠가 이 땅의 삶이 끝나고 이생의 교육이 마쳐질 때, 어쩌면 우리는 주님께 이렇게 묻는 것이 아닐까요?
 "주님, 사랑은 어떻게 하는 거예유?"

13. 노란 손수건 이야기

 많이 알려져 있는 노란 손수건의 이야기가 있습니다. 아마 설교나 강의를 통해서 이 이야기를 한두 번쯤 듣지 않은 사람은 별로 없을 것입니다.
 이야기의 내용은 아주 단순합니다. 한 떼의 젊은이들이 버스를 타고 피크닉을 떠납니다. 그들은 버스 안에서 여행의 기대와 흥분에 들떠서 웃음과 대화로 희희낙락합니다.
 그런데 그 버스 안의 승객 가운데는 그러한 흥겨운 분위기와 전혀 어울리지 않는 중년의 허름한 사나이가 타고 있습니다. 그는 어둡고 초췌한 표정으로 아무 말 없이 창밖을 응시하고 있을 뿐입니다.

 차츰 젊은이들은 그 사람의 사정이 궁금해집니다. 그래서 버스가 정차하고 식사시간이 되자 용기 있는 여학생 하나가 그에게 접근합니다. 그녀는 열심히 그에게 말을 붙이고 그의 사연을 듣는 것에 성공합니다. 그 내용은 이렇습니다.
 그 사나이의 이름은 빙고, 그는 방금 감옥에서 출소하였습니다. 그에게는 아내와 세 아이들이 있었습니다.
 그는 몇 년 전에 어떤 죄를 짓고 감옥에 가게 되었으며, 그때 아내에게 편지를 썼습니다. 나를 기다리지 말라고.. 그 후 아내는 그를 찾아오지도 편지를 보내지도 않았습니다.

얼마 전에 예상외로 빨리 감옥에서 출소하게 되자, 그는 다시 아내에게 편지를 썼습니다.

'여보, 나는 지금 다시 자유의 몸이 되었소. 그리고 아직도 당신이 나를 받아들여 줄 것인지가 궁금하오.

나는 지금 고향으로 갑니다. 만약 당신이 나의 지난날을 용서하고 받아줄 것이라면 우리 집 앞의 느티나무에 노란 손수건 한 장을 걸어 주시오. 그러면 나는 그것을 보고 버스에서 내리겠소.

그러나 당신이 나를 받아줄 수 없다면 노란 손수건을 걸어놓지 마시오. 그러면 나는 버스를 내리지 않고 그냥 집을 지나쳐 어디론가로 떠날 것이오..'

빙고의 사연은 곧 버스 안의 젊은이들과 다른 승객들에게 전달됩니다. 그러자 장내의 분위기는 순식간에 바뀌고 숨 막히는 긴장이 흐릅니다. 빙고의 아내가 어떻게 반응할지가 궁금했기 때문입니다.

드디어 버스는 그 사나이의 집에 가까워집니다. 모든 승객들이 긴장과 침묵 속에 눈을 부릅뜨고 창밖을 주시하고 있습니다.

사나이는 떨리는 손에 들고 있는 빛바랜 가족사진을 초조하게 들여다보고 있습니다. 과연 그는 받아들여질까요? 모든 승객들은 초조한 마음으로 결과를 기다립니다.

마침내 버스는 멀리 그의 집이 보이는 길목으로 들어서고 드디어 그 적막이 깨어집니다.
그리고 모든 승객들이 뛰어 일어나 '만세'를 외칩니다.
그리고 서로 얼싸안고 웃고 춤을 추며 기뻐합니다.
그들은 모두 노란 손수건의 물결을 발견했기 때문입니다.
대지는 마치 노란 손수건으로 뒤덮여 있는 것 같습니다.
나무 위에도, 담장 위에도, 지붕 위에도, 그리고 낙엽이 깔려있는 바닥에도 수백 장의 노란 손수건이 깔려져 있었습니다.
환호와 축하 속에 그 사나이는 버스에서 내립니다.
그는 아직도 믿어지지 않는 듯, 다른 사람들의 흥분과 기쁨이 이해되지 않는 듯 당황한 듯이, 그러나 기대에 넘치는 모습으로 집을 향하여 조용히 걸어갑니다.

이것이 이야기의 줄거리입니다. 왜 이 이야기는 우리에게 항상 감격과 감동을 선사할까요? 왜 그 젊은이들은 그 사나이의 재회에 그토록 기뻐했을까요?
그것은 이 이야기가 사랑과 용서의 메시지를 포함하고 있기 때문입니다. 그리고 우리 모두는 진정 사랑과 용서가 필요한 사람들이기 때문입니다. 그러므로 그 사나이의 용서받음과 재회의 기쁨은 곧 우리 자신의 용서받음이고 희망이며 행복이었던 것입니다.
사랑은 조건이 아닙니다. 그것은 조건 없이 상대방을 있는 그대로 받아들이는 것입니다. 상대방의 약점, 실수, 연약함들을 알면서도 그대로 받아들이는 것입니다.

우리는 모두가 허물이 많은 사람들입니다.

우리는 원치 않으면서도 자주 실수하고, 넘어지고, 남에게 상처를 주고 상처를 받습니다.

우리는 너무 쉽게 고독해지고 또 절망합니다.

이렇듯 연약한 우리 자신을 누군가가 있는 그대로 받아준다면, 우리의 모든 잘못을 그냥 용서하고 받아준다면, 그것은 얼마나 행복한 일일까요.

우리가 잘못해도 떠나지 않고

우리가 실수해도 누군가가 여전히 옆에 있어준다면

우리는 얼마나 행복할까요.

이 시대는 진정 용서와 사랑이 필요한 시대입니다.

세상의 잘못에 대하여 손가락질하고 욕하는 사람은 많지만 용서하고 이해하며 보듬어 주는 따뜻한 사람은 많지 않습니다.

어쩌면 우리 자신도 빙고처럼, 불안하게 노란 손수건 한 장을 기대하며 여행하는 고독한 나그네인지도 모릅니다.

누군가가 우리에게 사랑과 용서의 노란 손수건을 들고 우리를 기다리고 있다면 우리는 얼마나 행복할까요.

당신에게 노란 손수건이 필요한 것처럼

이 세상 모든 사람에게 노란 손수건이 필요합니다.

당신에게 용서가 필요한 것처럼
이 세상 모든 사람에게 용서가 필요합니다.
당신이 진정 노란 손수건을 원하신다면
당신을 아프게 한 사람을 용서하십시오.
그들의 허물과 행동, 말들을 용서해 주십시오.
당신을 버린 사람을 용서하십시오.
당신의 마음의 집, 마음의 창문 앞에
노란 손수건을 걸어 놓으십시오.
당신이 용서하고 사람들을 받아들일 때
당신도 용서되고 이해할 수 있을 것입니다.
진정한 용서, 진정한 사랑만이
정녕 이 세상을 아름답게 할 수 있으며
우리 모두를 행복하게 할 수 있는 것입니다.

14. 공짜는 없습니다

 집에서 조용히 글을 쓰고 있는 데 '띵똥' 하고 인터폰이 울립니다.
 나는 응답합니다.
 "누구세요?"
 굵은 남자의 목소리가 인터폰 속에서 들립니다.
 "사장님이세요?"
 나는 생각합니다.
 '나는 사장님이 아닌데. 나는 사업을 차려 본 적이 없지. 내가 사업을 하면 분명히 망할 거야.'
 나는 대답합니다.
 "저, 사장 아닌데요."
 그는 상관없다는 듯이 계속 자신 있게 이야기합니다.
 "아, 그러세요. 저는 이웃집에서 왔습니다."
 "이웃집이라고요?"
 "네. 이웃집에서 요 근처에 사무실을 오픈 했거든요. 그래서 인사도 드리고, 선물도 드리려고 왔습니다."
 나는 생각했습니다.
 '옆집에서 인사를 왔다고? 이렇게 기특한 일이 있나. 게다가 선

물까지 준다고? 아니, 이렇게 고마운 일이 있나.'

나는 계단을 내려가서 문을 열어줍니다.

30대 중반의 남자가 대문에 서 있습니다. 그런데 내 예상 보다 훨씬 더 큰 선물 박스를 들고 서 있습니다.

나는 간단한 선물 정도로 생각했다가 괜히 놀라고 부담스러워집니다. 선물 박스는 명절 때 사람들에게 흔히 선물하는 종합 선물세트 같았습니다.

나는 말합니다.

"아니, 이렇게 좋은 것을.. 정말 제가 받아도 되는 거예요?"

그는 여전히 거침이 없고 당당합니다.

"그럼요. 아무런 부담 없이 받으세요."

그는 선물 상자를 번쩍 들어서 내 품에 안깁니다.

그의 제스처는 너무 자신감과 확신에 가득 차 있어서 나는 그가 올림픽에서 금메달을 수여하는 사람 같다고 느꼈습니다.

하지만 나는 금메달 수상자가 아니었습니다. 얼떨결에 그 박스를 받기는 했지만, 나의 모습은 매우 어설프고 어색합니다.

"그런데.. 정말.. 받아도 되나요? 이거.. 꽤 비싸 보이는데.. 아무런 조건이 없이요?.."

그는 여전히 확신 있게 말했습니다.

"그럼요. 아무 조건이 없습니다. 우리는 이웃이니까요."

그는 '이웃'에 악센트를 주면서 말했습니다. 그러면서 그는 허리춤에서 신문을 하나 꺼내 들었습니다.

"다만, 한 가지.."

그는 00신문을 꺼내 들면서 그 신문이 얼마나 좋은 신문이며, 얼마나 기사의 내용이 훌륭한가, 얼마나 발전 가능성이 있는가, 그리고 이 신문을 보지 않는 사람들은 얼마나 손해를 보고 있는 것인가에 대하여 열심히 침을 튀기면서 이야기를 했습니다.

그런데 그 신문사에서 이번에 특별한 기회를 마련해서 이렇게 좋은 신문을 사은품까지 드리면서 6개월 간 구독료도 없이 아주 편안한 마음으로 볼 수 있도록 은혜를 베푼다는 것이었습니다. 그러니 이런 좋은 기회를 놓치면 되겠느냐는 것이 그의 설명이었습니다.

대충 그의 의도가 이해가 되면서, 나는 조금씩 부담이 되기 시작했습니다. 그것은 사실 공짜가 아니었던 것입니다.

하지만 그 선물은 이미 내 손에 들려있었고 이걸 어떻게 거절해야 될지 망설이고 있는데 그 순간 나의 구세주, 나의 아내가 슈퍼에서 쇼핑을 마치고 집에 돌아온 것이었습니다.

그녀는 말했습니다.

"여보, 뭐하고 있어요?"

그 올림픽 금메달 수여자가 열심히 말을 시작했습니다.

"저 사모님, 이번에 저희 회사에서 특별기획으로.."

그러나 상황을 금방 파악해 버린 그녀는 간단하게 말을 잘랐습니다.

"아, 저, 죄송해요. 저희는 다른 신문을 보고 있거든요. 죄송해요."

그녀는 내 품에 안겨있는 선물을 빼앗어서 밖으로 내려놓고는 곧 문을 닫고 보무도 당당하게 층계를 올라갔습니다.

나는 그에게 인사를 하고 아내를 존경하는 시선으로 바라보면서 집으로 따라 들어갔습니다.

집에 들어서자 아내가 말했습니다.

"여보, 딱 보면 몰라요? 왜 그리 오래 붙잡고 얘기를 하고 있어요?"

나는 기어 들어가는 목소리로 대답합니다.

"저.. 나보고 사장이라고 했는데.. 그리고 이웃집에서 왔다고.. 선물도 공짜로 준다고 했는데.."

"여보, 세상에 공짜가 어디 있어요? 당신 공짜 좋아하다가 머리가 벗겨지면 어떻게 하려고.."

"그래도 이웃이라고.. 부담 갖지 말라고 했는데.."

그녀는 나의 얼굴을 가만히 지켜보더니 말없이 깊은 탄식을 발했습니다. 그 탄식은 신음소리에 가까웠습니다.

그녀는 더 이상 말이 없지만 그녀의 표정을 대충 해석해 보면 다음과 같습니다.

'아휴, 저 답답한 인간.. 내가 저 인간을 계속 데리고 살아야 돼?'

쓴웃음을 짓고 나는 내 방으로 옵니다. 이제 상황이 파악이 되니까 조금 당한 것 같기도 하고 억울한 느낌도 듭니다.
 그렇습니다.
 그녀의 말이 옳았습니다.
 세상에 공짜는 없습니다.
 부담을 갖지 말라고요?
 그냥 편안하게 받으시면 된다고요?
 그것은 사실이 아닙니다. 그 어떤 선물이든 거기에는 부담과 대가가 따르게 되는 것입니다.

 이 세상에 사는 많은 사람들이 이러한 공짜를 좋아합니다.
 그리고 부담 없이, 땀 흘리지 않은 성공과 성취를 좋아합니다.
 증권투자, 부동산 투기, 복권, 요행이나 도박.. 그런 식으로 쉽게 얻어지는 일확천금에 대한 환상이 많은 사람들의 마음을 사로잡고 있습니다.
 그러나 과연 그것은 공짜일까요?
 과연 그것은 아무런 대가를 지불하지 않을까요?
 그러나 우리가 흔히 생각하는 것 이상으로 그러한 성취는 우리의 영혼과 정신을 갉아먹고, 우리가 생각 못했던 너무나 많은 삶의 기쁨을 앗아가 버리는 것입니다.
 빌 게이츠가 세계 제일의 부자라는 말을 들으면, 많은 사람들이 질문을 합니다.
 "그 돈 가지고 놀고먹지, 왜 아직도 열심히 일하죠?"

그들은 일하는 즐거움을 모르는 사람들입니다.
땀 흘리는 기쁨, 수고의 행복을 모르는 사람들입니다.
하루 종일 힘들게 일하고 먹는 저녁밥의 맛을 알지 못하는 사람들입니다.
세상에 공짜는 없습니다.
어떠한 성취를 위해서라도
어떠한 작은 보람을 얻기 위해서라도
우리는 땀을 흘려야 합니다.
눈물을 흘려야 합니다.
우리의 영혼을 쏟아 부어야 합니다.
힘든 일을 싫어하고
고난을 싫어하고
쉬운 일, 공짜만을 좋아하는 사람은
결코 진정한 성공을 할 수 없으며
참된 행복을 누리지 못합니다.

훈련을 기뻐하십시오.
인생의 역경에 도전하십시오.
진정한 행복과 영혼의 진보를 위하여
땀을 흘리십시오.
이를 통하여 당신은 진정
행복한 사람이 될 수 있을 것입니다.

15. 지혜자의 마음

 최근에 어떤 장례식에 가게 되었습니다. 나는 목사이므로 장례식에 가면 입관예배, 발인예배, 하관예배 등을 인도해야 합니다. 하지만 정말 가기가 싫었습니다.

 그것은 젊은 청년의 장례식이었습니다. 내가 잘 알고 있으며 사랑을 주었던 젊은이의 장례식입니다.

 여러 가지의 가슴 아픈 추억이 떠올라 가는 것이 괴롭지만 그러나 가지 않을 수는 없습니다. 그것은 내가 해야 할 사명이고, 봉사이며, 보람이기 때문입니다.

 또한 신학대학원에 다닐 때 결혼식이나 환갑잔치에는 빠질 수 있어도 장례식에 빠져서는 안 된다고 배웠습니다. 할 수 없이 나는 기도하는 마음으로, 장례식에 갑니다.

 연세가 많이 들어 돌아가신 분의 장례식은 호상이라고 하여 비록 눈물과 아쉬움이 있기는 하지만 비교적 좋은 분위기에서 치러집니다. 그러나 이와 같은 젊은이의 장례식은 정말 비통한 분위기이며 인도하는 것도 어렵습니다.

 입관, 발인.. 그 모든 순간에 유족들의 통곡과 절규가 이어집니다.

영정 앞에서, 입관을 하면서 그 살아있는 듯이 보이는 아름다운 모습 앞에서 유족들은 통곡합니다.

'일어나, 이 놈아! 왜 여기 있어..'

나는 유족들을 위로해야 하지만 나 자신도 눈물을 주체할 수가 없습니다.

하지만 이러한 장례식의 슬픔에 비하여 성경의 묘사는 대조적입니다. 그것은 전도서 7장 1절부터 4절까지의 내용입니다.

"좋은 이름이 좋은 기름보다 낫고
죽는 날이 출생하는 날 보다 나으며
초상집에 가는 것이 잔칫집에 가는 것보다 나으니
모든 사람의 끝이 이와 같이 됨이라
산 자는 이것을 그의 마음에 둘지어다
슬픔이 웃음보다 나음은
얼굴에 근심하는 것이 마음에 유익하기 때문이니라
지혜자의 마음은 초상집에 있으되
우매자의 마음은 혼인집에 있느니라"

이것은 상식에 어긋나는 말처럼 보입니다. 죽는 날이 출생하는 날보다 낫다고요? 만약 누군가 초상집에 가서 "아이고, 잘 되셨네요. 태어난 것보다 죽는 게 낫거든요.." 하면 어떻게 될까요? 아마 난리가 날 것입니다.

슬픔이 웃음보다 낫고, 얼굴에 근심하므로 좋게 된다고요?

만약 어떤 사람에게 "얼굴이 좋아졌네, 고민을 많이 했나봐요?" 하면 아마 실없는 사람취급을 받겠지요.

그러나 이 말씀은 모두 깊은 진리를 포함하고 있는 말씀입니다. 여기서 지혜자의 마음은 초상집에 있고, 우매자의 마음은 혼인하는 집에 있다고 합니다.

그렇습니다. 어리석은 자는 연락하는 삶, 순간의 쾌락을 즐기고 사모하지만 지혜로운 사람은 진정하고 영원하며 가치 있는 행복을 구하는 것입니다.

그렇다면 지혜자의 마음이 있는 초상집에서 우리는 무엇을 배울 수 있을까요? 어떤 지혜를 얻을 수 있을까요?

먼저 우리는 영원한 것들과 일시적인 것들의 차이를 알 수 있게 될 것입니다.

초상집에서 우리는 인생이 정말 허망한 것임을 보게 됩니다.

인생이 너무나 짧은 것임을 보게 됩니다.

얼마 전까지 이야기하고, 웃고, 함께 삶을 나눈 사람들..

그들의 육체는 여기 있으나 그의 영혼은 이곳에 없습니다.

얼마 전까지 근심하고, 염려하고, 화를 내고, 사랑하고, 슬퍼하던 그 사람.. 그러나 그는 이곳에 없습니다.

죽음이 있음을 확신한다면, 영원이 있음을 확신한다면,

오늘 우리의 가치관은 달라질 것입니다.

진정 우리가 추구해야 할 것과, 일시적인, 순간적인 것들을 구분하게 될 것입니다.

지금 내가 추구하는, 원하는 것들이 과연 나의 사후에도 가치 있는 것들인지 생각하게 될 것입니다.

초상집에서 배울 수 있는 또 하나의 지혜는 우리가 살아가는 현재의 소중함에 대해서 인식하게 된다는 것입니다. 우리가 살아가면서 기회가 있을 때 사랑을 고백하고 표현해야 할 중요성을 가르쳐준다는 것입니다.

이 형제는 음악성이 뛰어났고 음악을 참 좋아했습니다. 찬양 테이프를 듣는 것도 참 좋아했지요. 바로 나는 얼마 전 서점에서 이 형제가 아주 좋아하는 가수의 테이프가 새로 나온 것을 발견하였습니다.

그 테이프를 보고 나는 문득 그 형제가 생각이 났습니다. 그리고는 아, 이것을 그 형제에게 보내줘야겠구나.. 생각하고 그 테이프를 샀습니다. 그런데 그것을 보내 주리라 생각만 하고 차일피일 미루고 있다가 형제의 부음 소식을 들은 것입니다.

나는 너무나 놀랬고, 너무나 가슴이 아팠습니다. 이렇게 빨리 갈 줄 알았더라면, 이럴 줄 알았더라면, 진작 테이프를 보냈을 텐데, 좀 더 시간을 함께 보냈을 텐데..

장례식장에서 이상하게도 자꾸 그 생각이 떠올라서 나는 후회하면서 울고 또 울었습니다.

그 테이프가 형제에게 무슨 도움이 크게 되었을까 싶었지만.. 그러면서도 나는 나의 작은 애정을 표현할 수 있는 기회를 영영 잃어버린 것이 못내 아쉽고 슬펐습니다.

초상집은 이처럼 우리가 진정 해야 할 것이 무엇인지, 소중한 것이 무엇인지..그것을 선명하게 가르쳐 주고 있는 것입니다.

세월은 흐르고
모든 것은 지나갑니다.
아무 것도 영원한 것은 없습니다.
사랑도, 미움도, 근심도, 두려움도
언젠가는 다 사라집니다.
오늘 우리의 사랑하는 사람들, 가족, 친구들도
언젠가는 다 떠나갈 것입니다.
우리가 이별을 하게 될 때,
우리의 가슴에 남겨지는 후회는 어떤 것일까요?
그것은 이러한 후회입니다.
왜 내가 좀 더 사랑하지 못했을까?
왜 내가 좀 더 인내하지 못했을까?
별것도 아닌 일을 왜 그리 화를 냈을까?
왜 내가 사랑한다고 말을 하지 못했을까?
우리는 그러한 것을 후회하게 될 것입니다.
초상집에서 지혜를 배우십시오.

그리고 지금 이 순간을 소중하게 사십시오.
지금 곁에 있는 사람들을 소중하게 대해주십시오.
지금 이 순간을 귀중하게 여기십시오.
기회가 있을 때
친절을 베풀고
기회가 있을 때
사랑한다고 말하십시오.
왜냐하면
다시는 기회가 없을 수도 있기 때문입니다.
인생은 사랑을 위하여 존재하는 것,
모든 것은 썩어지고 다 소멸되어 버려도
사랑한 사람의 기억
사랑과 친절의 행위만큼은 영원히 남는 것입니다.

지혜자의 마음은 초상집에 있습니다.
초상집 - 그것은 영원한 것과 썩을 것들을 구분해 주고
사랑의 가치를 다시 일깨워 줍니다.
옆에 있는 사람의 소중함을 가르쳐주고
사랑과 친절의 가치를 가르쳐 주며,
우리가 지금 살아 있다는 것이
얼마나 감사하고 행복한 일인지를
우리에게 가르쳐 주는 것입니다.

16. 늙음의 행복

이제 겨우 40대 중반이지만
나는 늙음의 행복을 느낍니다.
고통의 행복을 느낍니다.
세월이 흐르고 늙어가면서
시련과 좌절을 경험하면서
전에는 그토록 어려웠던 것들이
이제는 쉽게 느껴집니다.

예전에는 인내하는 것이 어려웠고
불의를 보면 참기가 어려웠고
용서하는 것이 쉽지 않았고
사랑하는 것이 쉽지 않았습니다.
사람들에게 친절하게 대해주는 것
내 마음 속 깊은 곳에 있는 이야기를 하는 것..
그 모든 것들이 쑥스럽고 어려웠습니다.
생각보다 말이 먼저 나갔고
남의 실수를 이해하지 못했습니다.
대화중의 침묵을 견디지 못했으며

기다리는 것을 참지 못했습니다.
세월은 흐르고
헤아릴 수 없이 많은 좌절을 경험하고
수없는 무기력을 경험한 후에
이제 나는 그것들이 쉽게 느껴집니다.
그렇게 많이 노력하지 않아도
사람들이 사랑스럽게 보이며
무례하고 이기적인 사람들이
불쌍하게 보입니다.
용서하는 것이 어렵지 않고
내 자신이 많이 실수하듯이
남들의 약점이 덜 보이게 됩니다.
무엇이든 성급하게 계획을 세우지 않으며
내 계획이 전혀 생각 된 대로 되지 않고 길이 막혀도
편안하게 주님께 의탁하는 것이
이제는 그리 어렵지 않습니다.

젊은이들이 한탄하며 묻습니다.
목사님, 어떻게 하지요, 어떻게 하지요.
어떻게 해야 되나요? 비결이 뭐지요?
나는 빙그레 웃습니다.
세월이다. 시간이 흘러야 된다.

좀 더 많이 넘어져 보아라.
시간이 필요하고
고통과 실패가 필요하니
너무 지금 완전하게 하려고 애쓰지 말아라.
넘어질수록 실패할수록
자기가 얼마나 보잘 것 없는 사람인지 알게 될수록
세월이 흐를수록
우리는 모든 것이 쉬어집니다.

30대에서는 어서 40대가 되기를 소원했고
이제 40을 넘으니 50이 되기만을 기다립니다.
그리고 60, 70.
어느 때인가는 주님의 품에 있겠지요.
그리고 주님이 부르실 때에
그때는 지금 아직도 어려워하고 있는 것들이
좀 더 쉬워질 것입니다.

늙어 가는 것은 얼마나 축복인가요.
시련은 얼마나 행복인가요.
그렇게 세월과 함께 자라가면서
우리는 주님을, 천국을 향해
걸어가고 있는 것입니다.

17. 후회하기 싫다면 성질을 다스리십시오

 나의 책 〈아름답고 행복한 기도의 세계〉를 읽고 어떤 독자가 전화로 말합니다.
 "목사님, 목사님의 책에 회개하라는 말씀은 하나도 없지만..회개를 많이 했어요. 많이 울고요..."
 "남편의 행실이 바르지 않고 자꾸 비뚤어지게 나가고.. 그게 다 제 탓이라는 생각이 드는군요.."
 "저는 그를 편안하게 해주지 못했어요..너무 몰아붙이기만 한 것 같아요.. 그의 고독과 절망을 이해했어야 했는데.. 책을 읽고.. 그리고 이제야 그것이 조금 보이는군요.."

 이 책을 읽은 다른 독자는 이렇게 말합니다.
 "목사님, 저는 자식을 너무 엉터리로 키웠어요. 열심히 신앙을 가르친다는 것이 강요만 되었고요. 목사님처럼 자연스럽게, 삶 속에서 되어졌어야 하는데.. 자식이 빗나가면 그만 제 성질을 이기지 못해서 욕하고, 때렸지요..그 후에는 후회하지만, 나중에 성질이 올라오면 또.."
 "이젠 아이들이 다 컸는데 저와 거리가 있어요. 이제는 대화도 안 되고.. 이제 제 성질을 죽여야 한다는 것을 알게 되었어요. 그러나 그게 잘 안 되는군요.."

 누구나 성질이 있습니다. 누구나 혈기가 있습니다. 모든 사람에게 본능이 있습니다. 참는 것은 어느 누구에게나 어렵습니다.

 그러나 경험이 쌓이면 알게 됩니다.

 흥분하고 성질을 내면 오직 후회가 있을 뿐입니다.

 아무런 열매도 없이 남은 것은 오직 서로 간의 상처와 슬픔뿐입니다.

 성질을 죽이십시오.

 기분대로 하지 마십시오.

 순간의 충동으로

 오랜 세월을, 영원을 후회로 보내지 마십시오.

 세월이 흐르고 실패가 쌓이고 나이가 들면

 좀 더 참기가 쉽겠지만

 아직 젊다면

 무릎으로, 기도로 주님의 도우심을 구하십시오.

 격정은 조금만 견디면 지나가고

 당신은 승리를 경험하게 됩니다.

 다음에는 당신은 좀 더 견딜 수 있으며

 다음에는 좀 더 잔잔해질 수 있을 것입니다.

 마음을 다스리고,

 기분을 다스리는 것

 이것이 진정 행복으로 가는 길인 것입니다.

18. 모든 것은 지나갑니다 (1)

당신이 화가 났을 때 중요한 결정을 내리지 마십시오.
함부로 말을 하지 마십시오.
당신이 사랑하는 사람과의 관계를 청산하고 싶을 때도
함부로 결정하지 마십시오.
왜냐하면 모든 것은 지나가기 때문입니다.
모든 것은 변화되기 때문입니다.
달이 차면 기울 듯 당신의 사랑은 때가 되면 미움으로 바뀌고
그 미움은 다시 그리움으로 바뀌기 때문입니다.

당신의 감정은 영원하지 않습니다.
당신의 기분도, 당신의 생각도 결코 영원한 것이 아닙니다.
시냇물은 끝없이 흘러 강물이 되고, 바다가 되고,
다시 증발하여 하늘로 가고 땅에 비가 되어 내려서
다시 시냇물로 흐르게 되듯이
당신의 감정도, 당신의 생각도
끝없이 흐르고 변화되며 그 자리에서 머물지 않습니다.
지금의 분노를 영원한 것으로 생각하지 마십시오.
지금의 절망을 영원한 상태로 여기지 마십시오.

비록 지금 해가 지고 캄캄해도
반드시 내일의 태양은 떠오릅니다.

당신의 마음을 주님께로 가지고 가서 기도를 하거나
그것이 쉽지 않다면 잠을 주무십시오.
잠을 잘 자고 나면 아침에는
새로운 의식이 찾아오게 됩니다.
변화된 사고가 찾아오게 됩니다.
잠도 오지 않는다면
뭔가 당신의 마음을 돌릴 수 있는
다른 즐거운 일을 찾으십시오.

기억하십시오.
당신의 지금 마음은 바뀝니다.
화가 났다고 함부로 말하지 마십시오.
그것은 당신에게 족쇄가 되어
당신의 인생에, 삶에
무거운 짐이 됩니다.
지금은 조용히 잠을 자고
때를 기다리며
이 어두운 밤이 사라지게 하십시오.
그것이 지혜로운 삶의 요령입니다.

19. 모든 것은 지나갑니다 (2)

1년에 4계절이 있듯이
인생에도 4계절이 있습니다.
봄은 희망의 계절,
여름은 고통과 수고의 계절,
가을은 추수와 풍성함의 계절,
겨울은 고독과 허무와 고요의 계절.
누구도 예외 없이 4계절을 통과하게 됩니다.
모두가 밤을 싫어하고
겨울을 싫어하지만
밤과 겨울이 없이는
결코 하루와 1년은 완성되지 않습니다.

인생도 1년과 같이
희망으로 시작했다가 고독으로 끝마칩니다.
추위와 겨울이 새해의 시작이 되듯이
인생도 고통과 고독과 버림받음, 절망이 아니면
새로운 차원의 세계가 열릴 수 없습니다.
어떤 이는 너무 겨울이 길다고 불평합니다.

그러나 친구여 그 불평은 옳지 않습니다.
만약 당신이 지금 겨울이 길다고 느낀다면
당신은 추수의 계절을 많이 헛되이 보낸 것입니다.
당신에게 주어진 추수의 계절에서
겨울을 별로 준비하지 않았기 때문입니다.

당신에게 가을이 올 때 추수와 영광과 명예가 올 때
너무 좋아하지 마십시오.
곧 겨울이 옵니다.
당신은 버림받게 되고 당신이 쌓아놓은 것은 무너집니다.
그러나 두려워하지 마십시오.
다시 겨울은 지나가고
당신에게 다시 봄이 옵니다.
희망과 소생의 소식이 들립니다.
좋은 징조들이 일어납니다.
그러나 너무 좋아하지 마십시오.
곧 머지않아 여름의 계절이 오고
환란, 고통, 수고의 날이 옵니다.
그 고난도 견디면 다시 추수의 날이 오겠지요.

그러므로 눈에 보이는 것들로 인하여
지금 현재의 상황으로 인하여

너무 기뻐하거나 너무 절망하지 마십시오.
어떤 이는 문제의 해결을 위하여
금식하고 작정 기도하고 애를 쓰지만
기도의 응답에도 때가 있습니다.
비록 시냇가에 심은 나무라 할지라도
시절을 좇아서 과실을 맺는 것입니다.
그리고 고통 없이 열매 맺는 나무는 없으며
그러므로 많은 고통들을
당신은 통과해야 하는 것입니다.
왜냐하면 당신이 그 고통을 그냥 대충 대충 넘어갈 때에
당신은 참다운 영혼의 열매를 얻지 못하며
쭉정이 밖에 될 수 없기 때문입니다.

우리가 육체가 있는 동안에는
모든 것들이 변화되고 움직입니다.
그러므로 보이는 것에 큰 의미를 두지 마십시오.
영원을 사모하고 주님을 사모하며
진리를 구하고 깨달음을 얻으십시오.
육체의 세계는 완전치 않아
인생은 항상 변화하고 흘러가는 것
오직 영원한 것을 붙잡는 사람만이
초월자요 지혜자로서 살아가게 되는 것입니다.

당신이 지금 겨울에 있고 밤에 있다면
아무 것도 보이지 않는 광야에 있다면
구태여 그곳에서 나오려 하지 마십시오.
지혜롭게도 곰이 겨울잠을 자듯이
당신도 조용히 침묵으로,
잠으로, 고요함으로
주께 대한 순복으로 기다리십시오.
때가 되면 봄은 옵니다.
당신은 그것을 알 수 있습니다.
온 세계가 당신에게 봄이라고 말합니다.

그 징조가 올 때까지
골방에 들어가 기다리십시오.
겨울잠을 자십시오.
모든 것은 지나갑니다.
모든 것은 변화됩니다.
인생은 완전하지 않습니다.
그러므로 한없이 흘러갑니다.
오직
하나님의 말씀만이
완전하고 영원하십니다.

20. 영성에도 산과 골짜기가 있습니다

이 땅에서는 어떤 것도 완전하지 않습니다.
인생에도 4계절이 있고
하루에도 낮과 밤이 있으며
산과 골짜기가 있듯이
신앙에도 영성에도 산과 골짜기가 있습니다.
은혜가 충만하고 성령이 충만할 때도 있고
어처구니없는 죄를 짓거나 넘어질 때도 있습니다.
주님의 귀한 도구로 아름답게 쓰일 때도 있지만
별것도 아닌 일에 분노하고 낙심할 때도 있습니다.

초신자는 영적 상승기일 때 기뻐하고
영적 하강기에는 좌절합니다.
그러나 시간이 지나고 깨닫게 되면
높이 오를 때에도 교만하지 않고
낮은 곳에 떨어져도 낙심하지 않습니다.
놀라운 일과 행복한 일이 생겨도 그는 초연하며
자신의 너무도 한심스러운 모습을 보아도 그는 태연합니다.
바보 같은 죄와 실수를 저지른 후에도

그는 '또 시작이군!' 하면서
주님께 고요히 엎드릴 뿐입니다.
모든 것은 항상 움직입니다.
이 땅에서는 영원한 것이 없으므로
가만히 침체되어 있는 것은 없습니다.
당신의 영혼이 산 위에 있을 때
당신은 떨어지기 시작합니다.
당신의 영혼이 깊은 골짜기에 있을 때
당신은 다시 오르기 시작합니다.
평생을 두고 이것이 반복되니
그리 슬퍼할 것도, 기뻐할 것도 없는 것입니다.

빗물이 되어 높은 산에 내려서
샘물로서 흐를 때도 있고
또한 낮은 곳까지 내려가서
바다에까지 이를 때도 있습니다.
높은 곳에 있을 때는 행복하지만 고독하고
낮은 곳에 있을 때는 힘들지만 넓은 곳으로 가게 됩니다.
바다 끝 가장 낮은 곳에 이르면
그는 다시 증발하여 하늘로 오릅니다.
높은 산에서 흐르는 샘물이든지
낮은 곳에서 강물의 하류에서 흐르든지

그것은 별로 중요한 것이 아닙니다.
그 자신이 물이라는 사실
항상 흐른다는 사실이 중요한 것입니다.
그러므로 사람들에게 인정받는 것이나 버림받는 것이나
그것은 하나의 흐름일 뿐 본질은 아닌 것입니다.

성공으로 보이든 실패로 보이든
그것은 그리 대단한 것이 아닌 것입니다.
인생은 흐르고 영성도 흐르고
우리는 흘러가면서 발전해갑니다.
오늘 나의 영이 좋든 나쁘든
요즘의 환경이 풀리든 막히든
별로 상관하지 마십시오.
그저 조용히 하나님께 나아가십시오.
그 분이 우리 아버지시라는 것
그리고 그분이 이끄신다는 것
우리를 그분이 사랑하시며
우리는 그분의 프로그램 안에 있다는 것을 이해하는 것으로
충분한 것입니다.
기쁨도, 감정도, 성공도, 느낌도 다 사라지지만
오직 하나님의 사랑만이 영원히 남아
우리의 삶을 아름답게 인도해 가시는 것입니다.

21. 고통은 저주가 아닙니다

 어느 독자 분이 전화로 말씀하십니다.
 목사님, 제 인생이 왜 이렇게 기구한지.. 남편 문제, 자식문제.. 너무나 고통스러웠던 삶.. 주위에서 말하기를 저주가 쌓여서 그렇다고.. 그래서 저주를 끊는 책을 사러갔다가 목사님의 책을 발견했어요. 그러면서 묻습니다.
 저 정말 저주받은 거지요?
 나는 할 말을 잊습니다.

 사람들은 형통을 좋아합니다.
 고난을 싫어합니다.
 밤을 싫어합니다.
 에디슨은 전구를 발명했습니다.
 그리고 사람들은 밤을 빼앗겼습니다.
 그러나 그 결과 좋은 것이 무엇일까요.
 사람들은 지쳐있고, 피곤해 있고,
 정신병만 늘었습니다.
 밤은 필요한 것입니다.
 때로는 빛이 필요하지만

때로는 빛이 사라져야 합니다.
주님께서는 우리를 빛 가운데 두시기도 하며
어둠 속에 두시기도 하십니다.
빛이 비칠 때 우리들은 많은 것을 보지만
어둠 속에서는 아무 것도 보지 못합니다.
그러나 그 어둠 속에서
우리는 전에 보지 못했던 것들을 봅니다.
주님께서 우리를 광야로 이끄실 때
우리는 거기에서 예전에 보지 못했던 것을 봅니다.
밤은 휴식입니다.
낮의 분주함을 내려놓고
조용히 안식하며 주님과 교통합니다.
광야도 이와 같이 안식입니다.
모든 사람, 모든 일들을 내려놓고
오직 조용히 주님만을 바라봅니다.

세상의 불빛이 꺼지고 영혼의 밤이 올 때
그 영혼은 새롭게 성장합니다.
그러나 밤이 없으면, 고통이 없으면
결코 영혼은 자라지 않으며
영혼의 시각도 열리지 않습니다.
나는 그 독자 분께 말합니다.

고통은 저주가 아닙니다.
진정한 의미에서 저주가 있다면
그것은 형통과 평안입니다.
잠시 육신은 편안할지 모르나
그의 영혼은 영원한 곳에서
낮고 비참한 곳에 처하기 때문입니다.

고통은 저주가 아닙니다.
그것은 인생의 밤, 영혼의 밤일뿐입니다.
그것은 인생의 광야입니다.
당신이 그러한 밤에 처했을 때
모든 것이 막혀있을 때
광야에서 나오려고 하지 말고
어둠 속에서 보려고 하지 말고
조용히 그 어둠 속에 머물러 계십시오.
당신은 새로운 것을 보게 됩니다.
새로운 주님을 알게 될 것입니다.
당신이 기다릴 수만 있다면, 배울 수만 있다면
고통은 결코 저주가 아닙니다.

22. 주님이 아기를 키우십니다

안면이 있는 초보엄마가 전화를 합니다.
목사님, 아기가 아파요.
감기가 심해요.
막 열이 나요. 흑흑흑...
나는 기도해줍니다.
그리고 말합니다.
걱정하지 말아요.
아이는 그렇게 크는 거야.
사람의 몸에 나쁜 것이 좀 생기면
속에서 열을 내서 나쁜 것을 청소하는 거야.

초보엄마일수록 안달이 많습니다.
아가가 울면 같이 웁니다.
아가가 아프면 어쩔 줄을 모릅니다.
기억하십시오.
그 아가는 당신이 창조한 것이 아니라
하나님께서 주신 것입니다.
당신이 안달할수록

하나님께서 그 아이를 만지시기가 어렵고
당신이 조용히 의탁할수록
그분은 그 아이를 붙드십니다.
이렇게 기도해 보십시오.

오, 주님.
아이가 열이 있군요.
하지만 주님이 이 아이를 사랑하시는 것을 알아요.
그리고 함께 하신다는 것도..
정말 감사하군요, 주님.
이 아이를 진정 당신께 맡깁니다.

당신이 기도를 마칠 때
주님은 그 아이를 만지시며
곧 당신의 마음은 평안하게 되고
아기는 평온한 잠에 빠지게 될 것입니다.

초보 엄마는 많은 것을 염려하지만,
시간이 흐를수록
우리가 이해할 수 없는 어떤 힘이
이 아이를 사랑하고 지키시며
돌보신다는 것을 이해하게 됩니다.

세월이 흐르고
주위에 어떤 초보 엄마가 말하겠지요.
언니, 어떻게 해. 아이가 막 열이 나요. 계속 울어요. 엉엉...
당신은 대답하게 될 것입니다.
걱정 말아. 아기는 다 그렇게 크는 거야.
나도 처음에는 무서웠어. 하지만 너도 곧 괜찮아질 거야.

염려는 항상 문제를 일으키지만
세월이 흐르고 삶의 지혜를 배워 나갈수록
우리는 염려에서 자유로워지며
어떤 문제이든 편안하게 자연스럽게
대처해 나가게 되는 것입니다.

23. 자녀의 고통을 받아들이십시오

사람들은 고통을 싫어합니다.
자기의 고통만 싫어하는 것이 아니라, 자기가 사랑하는 사람들의 고통도, 자식들의 고통도 견디지 못합니다. 보지 못합니다.
엄마는 아기에게 이야기합니다.
사랑하는 아이야. 엄마는 너무나 힘든 삶을 살았단다.
나의 엄마는 나를 너무나 함부로 대했고
너무나 일을 많이 시켰지.
내 딸아, 나는 절대로 너에게 화를 내지 않을 거야.
결코 설거지도, 어떤 일도 시키지 않을 거야..
아빠는 말합니다.
아들아, 아빠가 고학을 하느라고 얼마나 힘들었는지..
너에게만큼은 결코 돈 고생, 걱정하지 않게 해주겠다..

그리하여 그의 자녀들은 아무 어려움도 모르고
나약하고 무기력하고 비참하게 자랍니다.
사랑 없이 자란 자녀들도 비참하지만
훈련과 징계 없이 자란 자녀들도
이에 못지않게 비참합니다.

전자는 잠시 이 땅에서 비참할 수 있으나
후자는 자칫 영원한 곳에서 비참할 수 있습니다.
왜냐하면 사랑과 평온은 육신을 즐겁게 하지만
고통과 훈련은 속사람과 영혼을 자라게 하기 때문입니다.

사랑하는 사람의 고통에 대하여
자녀들의 고통에 대하여
너무 괴로워하지 마십시오.
그들도 자라가야 합니다.
당신에게도 십자가가 필요하고
그들에게도 십자가가 필요합니다.
그들의 십자가를 빼앗지 마십시오.
그들의 고통에 개입하지 말고
묵묵히 기도하며 기다리십시오.
고통, 그것은 당신의 자녀를
아름답고 성숙한 사람으로 발전시켜 가는 것입니다.

24. 고통은 스승입니다

평탄한 길은 우리에게
겸손을 가르치지 않습니다.
평탄한 길은 우리에게
눈물도 가르치지 못합니다.
용서도, 순종도, 감사도, 희생도..
평탄한 길은 가르치지 못합니다.
그것은 우리를 높아지게 합니다.
교만과 자신감과 타인에 대한 정죄와
자신에 대한 긍지, 권리의식을 갖게 합니다.
그래서 평탄한 길만을 걸어온 사람의 영혼은
아주 낮은 곳에 있고 어린 아이와 같습니다.

많은 사람들이 쉽게 주님께 대한 헌신과
순종에 대한 이야기를 하지만
수많은 좌절을 겪지 않은 사람은 그렇게
쉽게 무릎 꿇지 못합니다.
많은 실패를 한 후에야 비로소 그는 자신을 의지하지 않고
주님의 뜻을 두려워하게 됩니다.

고통은 우리에게 눈물과 정화와 겸손과 기다림을 가르칩니다.
성숙과 헌신과 사랑과 관용을 가르칩니다.
당신의 주변에 아직도 자신만만하고 쉽게 남을 정죄하고
큰 소리를 치고 있는 분이 계시면
그분과 잠시 자리를 두십시오.
그에게는 머지않아 고통의 계절이 닥쳐올 것이기 때문입니다.
그때 당신은 그와 대화를 나눌 수 있게 될 것입니다.

고통은 우리를 성장시키는 아름다운 스승입니다.
고통은 우리를 진리에게로, 주님께로 이끌어갑니다.
겉사람은 비록 힘이 들지만
속사람은 이를 통하여 비로소 눈을 뜨게 되고
진정한 아름다움을 경험할 수 있게 되는 것입니다.

25. 우리는 모두 1등입니다

 올해 6학년인 아들 주원이는 요즘 사춘기인지 부쩍 성에 대하여 관심이 많습니다. 그래서 유독 성에 대한 질문이 많습니다.
 아이들은 원래 어릴 적부터 성에 대한 질문을 많이 합니다.
 아빠, 어떻게 아기가 생겼어요?
 우리는 어떻게 태어났지?
 어디로 나와요? 등등...
 우리들은 나름대로 열심히 대답을 합니다.
 응, 아빠가 씨를 가지고 있거든? 그걸 엄마한테 주는 거예요. '여보, 여기 애기 씨가 있으니 예쁜 애기를 만들어 주세요.' 하고.. 그러면 엄마는 대답한단다. '알았어요. 내가 주머니에 넣어 가지고 예쁘게 만들게요..'
 그리고 10개월이 있으면 아가가 나온단다..
 그런데 어릴 때에는 그것으로 충분하지만 아이들이 점점 커지면서 질문이 더 구체적이 됩니다.
 그런데 씨를 어떻게 주는 거예요?
 언제 줬어요?
 아빠, 씨는 어디에 있는데요?
 엄마는 점점 더 난처해지자 결국 아빠에게 공을 넘깁니다.

이번 여름에 휴가를 보냈던 대천 해수욕장의 민박집, 평소에도 대화를 많이 하는 편이지만 휴가라 하루 종일 같이 있으니 더 많은 이야기를 나누게 되었습니다.

아빠는 이제 작정을 하고 이야기를 시작합니다.

"주원아! 왜 남자들의 고추가 커지는지 아니?"

애들은 눈이 동그래집니다.

아빠는 열심히 설명을 합니다.

"너무나 귀한 생명의 씨앗을 잘 운반해서 뿌려야 하기 때문에 잘 보호하고 뿌릴 수 있도록 단단해지는 거야.."

한참을 설명을 하니까 아이들은 신기해하기도 하고 떼굴떼굴 구르면서 웃기도 합니다.

"와! 너무 웃긴다."

"에이.. 징그럽다.."

설명을 다 듣고 난 아이들이 아빠에게로 옵니다.

"와! 우리의 고향이다!"

나는 아이들을 밀어냅니다.

"징그럽다, 이놈들아.."

나는 그들에게 정자와 난자의 원리를 설명해 줍니다.

그래서 왜 여자아이는 자기의 몸을 지켜야 하는지, 남자도 아빠가 될 준비가 안 된 상태에서 어떻게 순수함을 지켜야 하는지 설명해줍니다. 그들은 자신들이 3억 마리의 정자 중에서 제일 먼저 달려왔다고 하자 아주 신기한 모양입니다.

"정말 우리가 3억 명 중에서 1등이에요?"
예원이가 함성을 지릅니다.
"우와.. 1등이다.."
그리고는 다시 고개를 갸웃거립니다.
"그런데 왜 나는 달리기를 못할까?"
우리는 모두 다 같이 배를 잡고 웃습니다.
아내가 주원이에게 장난삼아 면박을 줍니다.
"너는 3억 중에 1등인데 왜 그리 느려 터졌니?"
주원이는 눈을 껌벅거리면서 묻습니다.
"근데 엄마, 내가 1등인지 어떻게 알아요?"
아내는 주원이의 머리를 치며 웃습니다.
"네가 1등이니까 나왔지!"
우리는 다시 한 번 데굴데굴 구르면서 웃습니다.

   그날 밤, 아이들이 잠이 든 후 나는 아내와 진지하게 이야기를 나눕니다.
   아내에게도, 나에게도 아이들의 "우와.. 1등이다!.." 하던 목소리가 뇌리에서 잘 지워지지 않았기 때문입니다.
   그렇습니다.
   이 아이들은 모두 1등입니다.
   3억 중에서 1등입니다.
   아니, 그들뿐만 아니라 우리도,

우리의 눈에 띄는 모든 사람들도
모두가 다 3억 중에 1등인 것입니다.
우리는 엄청나게 적은 확률 속에서
목적을 가지고 이 땅에 태어난
너무도 귀한 존재인 것입니다.
너무나 많고, 어디에서나 눈에 띄는 사람, 사람들...
그러나 그 모든 사람들은
우리가 알고 있었을지 모르지만
다 1등이며, 너무나 소중하고 아름다운 사람들인 것입니다.
나와 아내는 우리를 새롭게 일깨워준
아이들의 한마디 앞에서
다시 한 번 감격하고 새로운 감회에 젖습니다.

그렇지. 너희는 모두 1등이야.
너무나 아름답고, 귀한 존재들이지.
우리는 잠자는 그들을 같이 쓰다듬고 뽀뽀하며
다시 결심합니다.
한없이, 너희들을 사랑하고 축복해주마,
내 예쁜 아이들아..
흐뭇하고, 행복한 마음으로 우리는 잠자리에 듭니다.

26. 허무한 즐거움을 버리십시오

여름이라 창문을 열어 놓으니
이웃집들에서 온갖 소음이 들려옵니다.
그중 TV소리가 제일 큽니다.
사람들은 대부분 하루 종일 TV를 켜놓고 사는 모양입니다.
무엇이 그리 즐거운지
밤늦게까지 TV를 보면서 낄낄거리고 웃고 난리를 칩니다.
그러나 그들이 그 허무한 오락을 즐기는 동안
그들의 영혼은 질식당하고 마비되어 가는 것을
그들은 알까요.

이 세상에 가득한 수많은 소음들, 영상들..
그것들은 영혼을 망가지게 합니다.
그러므로 세상에는 절망과 피곤함이 가득합니다.
일시적인 유희는
잠시 위안이 되는 것 같으나
더 깊은 나락으로
사람을 떨어뜨릴 뿐입니다.

영혼은 고요함과 잔잔함 속에서
눈을 뜨고 활동하는 것입니다.
영혼이 건강할 때에만
사람은 참된 행복을 누릴 수 있습니다.

영혼의 성장을 위해서
내면의 행복을 위해서
허무하고 천박한 즐거움을 거절하십시오.
당신의 인생을 싸구려로 만들지 마십시오.
진정하고 참다운 기쁨과 희락을 발견하십시오.
영혼은 진정한 기쁨을 통하여 발전하며
영혼이 성장된 사람만이
참된 사랑과 행복을 알 수 있는 것입니다.

27. 흘러나오는 기쁨

어떤 분과 대화를 합니다.
그는 사는 것이 행복하다고, 너무 감사하다고
깔깔거리며 웃습니다.
그러나 참 이상합니다.
그는 굉장히 행복한 것 같은데
내게는 그의 기쁨이 별로 전달되지 않습니다.
그의 기쁨은 그의 혼자만의 기쁨같이 느껴집니다.
남들과 함께 공유할 수 있는 기쁨이 아닌 것 같습니다.
왜 그럴까요.
그 이유는 무엇일까요.

오늘날 사람들이 가지고 있는 많은 기쁨들이
자기만의 기쁨입니다.
타인과 공유할 수 있는 기쁨이 아닙니다.
그것은 고난을 통과한 기쁨이 아니기 때문입니다.
죽음을 통과한 기쁨이 아니기 때문입니다.
그것은 영혼에서 나오는 기쁨이 아니기 때문입니다.
그것은 겉사람의 기쁨이며 자기 혼자의 기쁨입니다.

이야기하면서 본인은 즐겁지만
남에게는 별로 기쁨을 주지 못합니다.

어떤 사람이 고난을 통과하고
영혼의 기능이 발전할 때
그는 기쁨을 타인과 공유할 수 있습니다.
슬픔을 타인과 공유할 수 있습니다.
그의 기쁨은 타인을 행복하게 해주며
그의 눈물은 사람의 영혼을 치유합니다.
그가 웃을 때 사람들은 행복해지며
그가 울 때 사람들은 치유됩니다.
그가 아픔을 통과한 만큼 그의 영혼은 자유로워지며
그의 마음은 사람들의 마음을 느끼고
사람들의 마음을 열고
사람들의 마음속에 들어갈 수 있습니다.
그는 설교하고 가르치지 않지만 사람들에게 교훈을 주며
사람들의 마음을 따뜻하게 해줍니다.
사람들은 그의 마음을 느끼고
그에게 마음을 열며
그의 마음속에 들어갈 수 있습니다.

외적인 기쁨을 구하지 마십시오.

고통 없는 기쁨을 구하지 마십시오.
참된 기쁨, 참된 행복은
반드시 눈물을 통하여
죽음을 통해서만이 얻어지고
그의 내부에서 흘러나오는 것입니다.
그리고 그러한 기쁨은
다른 이들에게도 흘러가서
다른 이들도 동일한 만족과 행복의 세계에
이를 수 있게 되는 것입니다.

28. 시련 속의 평안

화재로 집이 다 타버리고
사고로 아이들 넷이 다 죽고
아내가 충격으로 정신병원에 입원했을 때
스태포드 교수는 울면서 찬송 시를 썼습니다.

내 평생에 가는 길 순탄하여
늘 잔잔한 강 같든지
큰 풍파로 무섭고 어렵든지
나의 영혼은 늘 편하다.
내 영혼 평안해
내 영혼 평안해
내 영혼 내 영혼 평안해

시를 읽으며 그의 얼굴은 빛나고 있었습니다.
하나님께서 주시는 평안은 어떠한 환경이든지
그것을 초월하고 이기는 위로와 힘을 주시는 것입니다.
그리고 그 평안은
그 어느 누구도 빼앗아 가지 못하는 것입니다.

29. 기가 막힌 상황에서
함께 계시는 분이 있습니다

한 여인이 입원을 했습니다.
그녀는 뱃속의 아이와 대화를 하며 사랑을 나누며
만남의 시간을 기다렸습니다.
7개월이 되었을 때 어떤 사고로 인하여 그녀는 유산을 하게 되었습니다. 산모는 말합니다.
"도저히 견딜 수 없을 거라고 생각했어요.
그 상황이 되면 정말 미칠 거라고 생각했어요..
그런데.. 주님이 견디게 하시는 군요.."

우리는 여러 가지의 남들의 불행을 보면서 '어휴. 어떻게 저러고 살지? 나 같으면 도저히 못 견딜 거야..' 그런 얘기를 많이 합니다.
그러나 막상 그러한 상황이 우리에게 닥치게 되면
우리는 견딜 수 있는 힘을 얻습니다.
우리는 전능하신 분의 존재와 도우심을 알게 됩니다.
우리의 힘에 한계가 닥쳤을 때 그분은 오시며
그러한 상황이 오히려 아름답게 될 수 있도록

은혜와 힘을 베푸십니다.
그러한 힘과 위로를 통하여 우리는 소생되며
어두운 밤에 별이 잘 보이듯이
우리의 영적인 시각은 새롭게 열려져서
우리를 사랑하시는 그분이
우리가 그분을 기억하지 않는 순간에도
항상 옆에 계셨다는 사실을
새롭게 인식하게 되는 것입니다.

30. 가장 안타까운 후회는..

　며칠 전에 나는 어처구니없는 소식을 들었습니다. 사랑하는 친구가 갑자기 세상을 떠난 것입니다.
　이제 겨우 45세.. 건강한 줄만 알았는데 뇌졸중으로.. 불과 얼마 전에 통화했었고 같이 만나기로 했었는데, 이럴 수가..
　그는 20여 년 전 10대 후반, 20대 초반의 나의 가장 힘들었던 시절에 같이 있었습니다.
　우리는 둘이 몹시 친했고 같이 손을 잡고 많은 곳을 돌아다녔습니다. 내가 군대에 가는 바람에 우리는 헤어졌고 내가 제대를 한 후 그는 독일로 유학을 갔습니다.
　오랫동안 그와 거의 만나지 못했지만 어린 시절의 친구가 그러하듯이 그는 항상 내 가슴의 한 구석에 자리 잡고 있었습니다.
　불과 얼마 전에 그의 귀국소식을 들었고 우리는 무척 반갑게 만날 약속을 했던 것입니다.

　그는 정말 순수하고 아름다운 친구였습니다. 나이가 45세지만 그러나 어린아이와 같았습니다. 정말 만나고 싶었고 많은 이야기를 나누고 싶었습니다. 특히 그 무엇보다도 복음을 전하고 싶었습니다.

예전에 내가 잘 알지 못해서 대충 전했던 복음.. 그러나 이제는 나의 생명이 되고 실제가 되고 살아 존재하는 이유가 되는 그 사랑의 복음을 사랑하는 친구의 가슴속에 우정과 함께 전달하고 싶었습니다.

그러나 일이 조금 밀려서 이것을 조금만 마치고 만나야지, 했었는데.. 그만 이런 소식을 듣게 될 줄이야..

그와 함께 했었던 많은 즐거운 순간들이 떠오릅니다. 아직도 내 가슴에 선명히 새겨져 있는 많은 대화들이, 그의 순진한 미소가 떠오릅니다.

하지만 이제 다시는 기회가 없겠지요. 다시 만날 수 있다는 기대를, 이제 더 이상 할 수 없겠지요.

인생은 살수록 후회가 남는 것, 그러나 사랑하는 사람들을 떠나보내면서 그들에게 사랑한다고 말하지 못한 것, 우정을 베풀지 못한 것, 그리고 복음을 증거하지 못한 것.. 그만큼의 후회가 또 있을까요.

삶에, 인생에, 항상 후회가 있지만,
사랑하는 사람들과 사랑하면서 보낸 아름다운 시간들은
결코 후회스럽지 않을 것입니다.
사랑하는 친구들과 우정을 확인하면서 보낸 시간들은
결코 후회가 되지 않을 것입니다.
사랑하는 사람들에게 영원한 미래를 이야기하며

사랑의 복음을 제시했던 그 순간들은
우리에게 영원한 기쁨으로 남을 것입니다.
후회 없는 인생을 위하여
다시는 주어지지 않는 기회를 위하여
증거 할 수 있는 기회
사랑할 수 있는 기회
성장할 수 있는 기회를 위해서..
오, 우리는 얼마나 깨어있어야 할까요.

31. 가족 사랑은 천국입니다

 집에서 딸아이와 둘이서 놉니다. 오빠는 학원에 갔고 엄마도 컴퓨터 학원에 갔습니다.
 딸아이는 내 품에 안겨서 이것저것 이야기를 합니다. 조금 속상한 일이 있어서 딸아이는 눈물을 짓습니다.
 나는 그녀를 품에 안고 눈물을 닦아주면서 여러 가지로 그녀를 위로하는 이야기를 합니다. 오, 그 시간은 정말로 황홀하고 행복한 시간입니다.
 그때에 전화가 옵니다. 나는 전화를 받고 딸아이는 조금 서운한 듯이 전화를 쳐다봅니다. 그녀는 어서 아빠가 전화를 끝내고 자기와 같이 이야기를 하기를 기다립니다.
 전화는 오랜만에 받는 반가운 사람의 전화입니다. 나는 웃고 이야기하며 전화 속으로 빠져듭니다.
 딸아이는 한참 내 옆에서 기다리고 있는 듯 했는데 어느 사이에 제 방으로 갑니다.
 전화를 마치고 나니 집에 적막이 흐릅니다.
 나는 딸아이의 방으로 갑니다. 그녀는 방바닥에 웅크린 자세로 잠이 들어 있습니다.
 조그맣게 손을 모으고 웅크리고 있는 그녀.. 그녀는 아직도 너무나 작게 보입니다. 전화에 아빠를 빼앗겨서 서운했을까요? 그녀의 눈가에는 아직도 조금 눈물자국이 남아있습니다.

 나는 그녀를 부드럽게 어루만집니다.

 뺨과, 조그만 엉덩이, 머리.. 왠지 마음이 측은해집니다.

 아빠와 이야기하다가 아빠와 놀다가.. 전화에 아빠를 빼앗긴 아이.. 그래서 아빠를 기다리다 잠이 든 아이..

 우리도 주님을 혹시 그렇게 대우하지는 않았을까요?

 주님과 교통하다가 금방 다른 것에 마음을 빼앗겨 주님을 혼자 계시도록 하는 어쩌면 그것이 우리의 모습이 아닐까요?

 그녀의 가슴에 손을 얹어봅니다.

 심장의 고동이 부드럽고 빠르게 물결치듯이 움직입니다.

 나는 갑자기 강렬한 감동이 솟구치는 것을 느낍니다.

 이상하게도 그냥 눈물이 흐릅니다.

 여기 내 옆에 조그맣게 꼬부리고 누워있는 작은 소녀에 대해서 이상하리만치 강렬한 사랑의 전율을 느낍니다.

 하나님께서 그녀를 내게로 보내셨지요.

 사랑하고, 돌보고, 관용하고, 가르치며

 모든 슬픔도 아픔도 같이하라고..

 그녀를 나에게 보내셨지요.

 나는 조용히 그녀에게 이야기합니다.

"사랑하는 내 딸아,
아빠가 너를 얼마나 사랑하는지 아니?
네가 잠든 모습을 보면서,
아빠가 얼마나 감동하는지, 사랑을 느끼는지,
너는 알고 있니?
아빠는 너를 영원히 사랑할거야.
네가 이담에 커서 아빠를 기억하지 않는 순간에도
아빠는 너를 영원히 기억하고 사랑할거야.
하나님께서 너를 내게 맡기고
돌보도록 그렇게 인도하셨단다.."

조용히 속삭이고 있는데 바깥이 시끄러워집니다.
큰아이가 오고 있는 모양입니다.
우리의 심장에 사랑이 채워지듯이
이제 이 집에 우리의 흩어진 가족들이 모두 돌아오고
이제 곧 행복한 저녁 식사시간이 되겠지요.
사랑을, 헌신을 다짐하며
나는 아들을 맞으러
대문으로 나갑니다.
가족의 만남, 그것은 하나님의 은혜입니다.
가족 사랑, 행복한 가정..
그것은 바로 이 땅에 임하는 천국입니다.

32. 행복은 가까운 곳에 있습니다

 오래 전 아버지가 병으로 입원했을 때 나는 간병을 위하여 병원에 갔습니다.
 아버지가 입원해있는 병실은 6인실입니다. 그래서 다른 환자들도 다섯 명이 있습니다. 아버지의 수발을 들면서 다른 환자 분들도 돌보아 주다 보니 여러 환자 분들과 친해집니다.
 모두 다 처음 보는 분들이지만 그들의 필요를 도와주는 것은 아주 즐거운 일입니다. 그것은 나의 마음에 행복을 가득 느끼게 해 줍니다.
 바로 옆자리에 입원하신 50대 중반 정도의 아저씨는 결석으로 몸에 돌이 많이 생겨서 입원하셨습니다.
 그는 사람이 아주 좋아 보입니다.
 내가 조금만 친절을 베풀어도 몹시 기뻐하며 감사하는 기색이 역력합니다. 나는 그를 위로하며 즐겁게 여러 가지의 이야기를 나눕니다.

 그런데 얼마 후 그의 부인으로 보이는 중년의 아주머니와 딸로 보이는 20대 후반쯤의 아가씨가 들어옵니다.
 그런데 그들이 오자 이 아저씨의 표정이 돌변합니다.

그는 그들에게 마구 짜증을 냅니다.

아주 사소한 것에도 역정을 냅니다.

두 여인은 그에게 봉사하면서도 위축되고 두려워하는 모습이 역력합니다.

나는 어처구니가 없었습니다.

조금 전의 그 친절하던 아저씨는 어디로 갔을까요?

그는 병상의 다른 사람들, 주위의 모든 사람들에게 부드럽고 따뜻한 사람이었는데, 왜 그의 가족에게는 저렇게 무섭게 대할까요?

나는 그 여인을 살짝 불러서 왜 아저씨가 화를 내시냐고, 무슨 일이 있느냐고 물어봅니다.

아주머니는 한숨을 쉬며 대답합니다.

"저 양반은 성질이 원래 저래요."

나는 너무나 가슴이 아팠습니다.

바깥에서는 사람 좋고 호인인 남자, 그러나 가장 사랑해주고 아껴주어야 할 가족들에게는 무섭고 거친 사람...

그것은 어떤 이유일까요?

자신을 사랑하고 돌보아주며 봉사하는 이들에게도

감사할 줄을 모르고 무례하고 거칠게 대하는 것,

이는 웬일일까요?

주님께서 어떤 분을 만나주실 때

그는 변화됩니다.
특히 그는 가까이 있는 사람들
하나님께서 섬기라고 보내주신 가족들의 소중함을 느끼게 됩니다.
그들을 사랑하고 섬기게 됩니다.
그리고 그것으로 행복을 삼게 됩니다.
하지만 현실에서
가까운 사람들을 사랑하지 않고
멀리 있는 사람들을 좋아하는 이들을 우리는 많이 봅니다.

중년 남성이 젊고 예쁜 아가씨에게
호의적으로 대하는 경우를 많이 봅니다.
그러나 주님께서 임하실 때
그는 바깥에 있는 젊고 예쁜 아가씨보다
자기의 집에 있는 자기의 늙은 아내가
훨씬 더 아름답게 보이게 됩니다.
자기를 위하여 헌신하고 희생한 아내의 망가진 몸매, 주름살,
거칠고 탄력 잃은 피부가
훨씬 더 사랑스럽게 보이게 됩니다.
세상에 아름다운 가수, 탤런트들은 많습니다.
그러나 그에게 밥을 해주고 섬기며 도와주는 사람은
자기 아내밖에 없는 것입니다.

사탄은 먼 곳에서 기쁨을 찾게 하고
먼 곳에 탐욕스러운 시선을 보내게 하지만
주님은 가까운데서 기쁨을 얻게 하시고
가까운 곳에서 행복과 만족을 허락하십니다.

아내가 사랑스럽게 보일 때
주님은 그곳에 계십니다.
가족들에게 친절하게 대할 때
주님은 그곳에 임재해 계십니다.
바깥에 있는 젊고 날씬한 여성의 외모보다
 집안에 있는 늙고 펑퍼짐한 아내의 수고와 헌신이 아름답게 느껴질 때 감동은 찾아오며
 행복은 시작되는 것입니다.
 사랑과 감사가 있는 곳에 주님은 역사하시며
가족의 아름다운 연합 가운데
 천국은 이루어지는 것입니다.

33. 주님은 모든 악순환을 끊으십니다

아들 주원이가 목욕을 하다가 울면서 나옵니다.
"아빠…"
나는 놀라서 묻습니다.
"왜…? 주원아…"
눈물을 닦으며 아들이 말합니다.
"목욕하면서 창문으로 무서운 것을 봤어요…"
"뭘 봤는데?"
"바로 아랫집 가게에서 어떤 아이가 컴퓨터게임을 구경하고 있는데, 그 아이의 아빠가 와서 몽둥이로 막 때렸어요.
발로 차고… 주먹으로… 너무나 무서웠어요.."
딸 예원이도, 엄마도 같이 와서 이야기합니다.
그들도 보았다고, 아이가 너무 불쌍하다고 울먹입니다.
옆집 아저씨가 '애를 그렇게 때리면 어떻게 해요?' 하고 항의하자 '무슨 참견이야? 내 아이 내가 때리는데..' 하고 소리를 질렀다고 합니다.
나는 가만히 울먹이는 두 아이를 안아주었습니다. 조금 후, 그들이 진정이 되자 이런 이야기를 했습니다.
"얘들아, 그 아저씨는 무서워 보이지만, 아마 그 아저씨도 불쌍한 사람일거야..”
 애들은 묻습니다.
 "왜요?"
 "그 아저씨도 어렸을 때, 그 아저씨의 아들처럼 무서운 아빠 밑에서 맞고 자랐을 거야.."
 아이들은 알았다는 듯이 고개를 끄덕였습니다.
 조금 후에 딸 예원이가 물었습니다.
 "하지만 아빠, 아빠도 어렸을 적에 아빠의 아빠가 굉장히 무서웠다고 했잖아요?"
 나는 잠시 생각하다가 대답을 했습니다.
 "그래, 맞아. 아마 아빠도 예수님을 만나지 않았다면 폭력아빠가 되었을지도 몰라. 하지만 예수님을 만났기 때문에 나는 너희들을 사랑하는 아빠가 될 수 있었단다.."
 감격을 잘하는 예원이가 울면서 외쳤습니다.
 "잉.. 나는 예수님이 너무나 좋아!"

 폭력은 폭력을 낳습니다. 증오는 증오를 낳습니다.
 그러나 예수님, 그분은 모든 악순환을 끊어버리십니다.
 그러므로 주님 앞에서는 모든 재앙이 오히려 복과 은총으로 바뀌게 되는 것입니다.

34. 밝음, 누림의 인생

오래 전 아이들을 데리고 목욕탕에 갔었던 일이 생각납니다.

나는 열이 많아서 공중목욕탕에는 거의 가지 않습니다. 너무나 덥고 답답하기 때문이지요. 그런데 그 날은 아내가 몸이 불편해서 내가 다섯 살 난 아들 주원이와 이제 15개월 된 딸 예원이를 데리고 목욕탕에 가게 되었습니다. 오, 그것은 얼마나 즐겁고 행복한 경험이었는지요!

나는 어릴 적부터 무척 아버지를 무서워하며 자랐습니다. 학교에서 집으로 돌아왔을 때 아버지가 계시면 그것은 정말 공포의 시간이었습니다.

나의 아버지는 정말 거칠고 무서웠습니다. 나는 어릴 때 그의 목소리를 듣기만 해도 눈물을 억제할 수가 없었습니다. 그래서 나는 굳은 결심을 하고 자랐었습니다.

나는 아주 자상한 아빠가 되리라. 어린아이를 사랑하고 함께 친구처럼 이야기를 할 수 있고 놀 수 있는 아빠가 되리라. 또한 아내를 내 목숨보다 더 소중히 여기는 남편이 되리라. 진정으로 아내를 섬기고 사랑하여 행복이란 것이 무엇인지 알게 해 주리라.. 하고 말입니다.

그러한 결심은 결코 행복하다고 할 수 없었던 내 어린 시절의 일종의 보상 심리와 같은 것이었습니다.

이러한 나의 꿈은 조금씩 실현되고 있는 것 같습니다.

아이들은 나를 몹시 따르고 좋아합니다. 내가 아빠로서의 자격도 너무나 부족하고 그들에게 아무 것도 제대로 해주는 것이 없음에도 불구하고 아이들은 나를 많이 사랑합니다.

내가 바깥에서 들어오면 이놈들은 "아빠 왔다!"고 아우성을 치면서 내게 달려듭니다.

사실 예원이의 뽀뽀는 겨우 두 살이니 침과 코를 내 얼굴에 마구 갖다 바르는 지극히 끔찍스러운 뽀뽀지만 그러나 그것이 나를 얼마나 감동시키는지요!

이놈들이 나를 무서워하지 않고 나를 마구 올라타고 난리를 벌이는 것.. 그것은 얼마나 고마운 일인지요.. 다른 사람에게는 어떨지 모르나 내게는 너무나 큰 감격과 기쁨이 되는 것입니다.

더위를 참고 목욕탕에 들어가자 이놈들은 난리를 벌이기 시작합니다.

나는 목욕을 하고 이놈들은 세수 대야의 물로 물장구를 치면서 놉니다. 나는 이놈들이 재미있게 놀 수 있도록 몇 개의 장난감도 같이 준비해 왔습니다.

예원이가 낑낑거려서 보니 비누를 먹다가 맛이 없는지 아우성입니다. 나는 재빨리 혀를 물로 씻어줍니다.

다시 깽깽거려서 보니까 이제는 비누를 만진 손으로 눈을 비비면서 웁니다. 나는 다시 급하게 이놈을 붙잡아다가 물로 눈을 씻어줍니다.

나는 이놈들이 잘 놀 수 있도록 대야에다 계속 물을 떠 줍니다. 두 놈은 몹시 신이 났습니다. 장난감을 물 속에 띄우고 물장구를 치며 마구 뛰어다니면서 놉니다.

그들은 이렇게 생각하는 것 같습니다.

"야, 목욕이란 참 재미있는 것이구나!"

그렇습니다. 목욕이란 참 재미있는 것입니다. 나는 그들이 그렇게 배우고, 그렇게 삶을 알아가기를 원합니다.

내가 아주 어렸을 때, 어머니나 아버지의 손에 이끌려 목욕탕에 갔을 때 아.. 그것은 비극이었고 고문이었습니다.

때를 벗기는 건지, 껍데기를 벗기는 건지.. 게다가 그 끔찍하게 뜨거운 물속에 마구 집어넣기라니!

목욕 가기 전날 밤 나는 도무지 잠을 이루지 못했습니다.

오, 하나님, 도대체 왜 목욕탕을 만드셨어요? 제발 저를 살려주세요! 나는 그렇게 기도했었지요.

나는 나의 아이들이 인생을 즐기게 되기를 원합니다.

목욕하는 것, 그것은 일이 아닙니다. 그것은 노는 것입니다. 즐기는 것입니다. 나는 아이들이 그렇게 생각하기를 바랍니다.

인생은 고난이 아닙니다. 그것은 누림이며 행복입니다.

청소도, 빨래도 노동이 아닙니다. 그것은 삶의 향유이며 축복입니다.

삶에서 많이 경험하게 되는 고통, 좌절, 십자가.. 사실 그것은 영광으로 가는 여정이며 가시밭길은 황금 길을 노니는 여정입니다. 나는 부디 우리 아이들이 그러한 가치관을 가지고 살아가게 되기를 기대하는 것입니다.

주원이가 가장 싫어하고 무서워하는 머리감기를 나는 몹시 조심하면서 감아주었습니다. 비눗방울이 한 방울도 눈에 들어가지 않게 아주 조심하면서 나는 그놈과 재미있는 이야기를 하면서 즐겁게 머리감는 것을 마쳤습니다.

나는 나의 부주의로 아이들이 머리감는 것을 싫어하고, 청결을 싫어하며 고독을 좋아하고, 인생을 귀찮게 여기며 밤을 좋아 할까봐 두려운 것입니다.

목욕은 성공적으로 끝난 것 같습니다. 실컷 재미있게 놀았던 아기들은 뺨이 빨갛게 상기되고 아주 깨끗해진 몸으로 집에 돌아오자 몹시 피곤했던지 금방 잠이 들었습니다.

잠이 든 이놈들의 머리맡에 앉아서 나는 조용히 기도합니다.

"오, 사랑의 예수님.. 이 아이들에게 인생을 즐겁게 사는 법을 가르쳐 주옵소서. 그리고 주님을 섬기고 사람을 사랑하는 것이 얼마나 즐겁고 신나는 일인지 알게 해 주시옵소서.

이 아이들이 어려움을 기뻐하게 하시고, 역경을 즐기며, 항상 인생에서 희망을 가지고 내일을 기대하게 하시옵소서.."
 기도하다보니 나도 졸음이 왔습니다. 그래서 나는 사랑하는 아이들 옆에 같이 눕습니다. 그러면서 아이들에게 속삭입니다.
 "알겠니? 아기들아.. 인생은 즐거운 거야.
 주님 안에 거하는 삶은 언제나 영원토록 행복한 거란다.
 잘 자거라. 이 강아지 같은 놈들아."

35. 시계보다 아름다운 당신

 내가 초등학교 6학년이었을 때 우리 반의 담임선생님은 몹시 거칠고 무서운 분이었습니다.

 그는 30대의 남자로 건장한 체격에 미남형으로 몹시 호감을 주는 인상을 가지고 있었습니다. 그러나 멋진 외모와는 달리 우리 반 아이들에게 그는 공포의 대상이었습니다.

 그는 욕을 잘 했고 불같이 화를 내곤 했으며 언제 어디서 폭발할지 예측하기가 어려운 사람이었습니다.

 그는 화가 나지 않은 보통 때에는 재미있는 면도 있었습니다. 그러나 그가 화가 나 있을 때 그에게 붙잡힌 아이는 그야말로 불운한 아이였습니다.

 그는 일단 구타를 시작하면 손바닥과 주먹과 발길질을 미친 듯이 퍼부었습니다. 그는 아이가 맞아서 쓰러지면 쓰러진 아이를 다시 일으켜 세우고 계속 구타를 하곤 했습니다.

 맞는 아이가 울면서 손을 모아 빌면서 잘못했다고, 용서해달라고 애원해도 그는 그의 분이 풀릴 때까지 약 30분 정도를 무자비하게 구타를 했습니다.

 지금 같으면 그런 선생님이 용납되기는 어려울 것입니다. 그러나 당시 60년대는 그렇게 맞은 아이가 다음날 붕대를 감고 등교를 해도 그에 대해서 항의하는 부모는 내 기억에는 없었습니다.

그는 분이 풀리고 나면 차분한 음성으로 우리들에게 내가 너희를 미워서 때렸겠느냐고 말씀하시며 '사랑의 매' 운운하기도 했습니다. 그러나 그 말을 믿는 아이는 없었습니다.

그 당시에 대부분의 아이들은 가난했지만 그래도 부자들은 있었습니다. 반장이나, 학급회장, 그리고 학교에 자주 어머니가 얼굴을 보이는 아이들.. 그들은 우리들 가운데서 귀족들이었습니다. 그리고 우리는 그 귀족들에게는 결코 사랑의 매가 행해지지 않는 다는 것을 잘 알고 있었습니다.

나는 성적은 좋은 편이었고 비교적 모범생의 축에 속했기 때문에 내가 그 사랑의 매의 대상이 되리라고는 생각해보지 않았습니다.

하지만 나는 몹시 가난해서 학교에서 돈을 내야 할 일이 있으면 내지 못하거나 거의 맨 마지막에 내었는데 그것이 얼마나 치명적인 약점이 되는지 잘 몰랐습니다.

어느 날 미술시간에 어떤 아이가 내가 2시간 동안이나 정성 들여 그린 그림을 찢어 버렸습니다. 나는 화가 나서 수업이 끝나면 가만히 두지 않겠다고 그에게 위협을 했습니다.

내가 실수했던 것은 나의 그림을 찢은 아이는 어머니가 학교에 자주 오는 귀족이라는 것과 나는 천민이라는 것을 잊은 데에 있었습니다. 나는 감히 귀족을 건드린 것입니다.

그는 내가 무서웠던지 점심시간에 집으로 가서 그의 어머니를 학교에 데리고 왔습니다.

나는 평소에는 그와 친한 편이어서 내가 그의 집에 놀러 가기도 했고 그가 우리 집에 놀러 오기도 했습니다. 그리고 우리 어머니와 그의 어머니도 잘 아는 사이라 별로 문제가 되리라고는 생각하지 않았습니다.

그래서 그의 어머니를 학교에서 보게 되자 반갑게 인사를 했으나 이상하게도 그녀의 눈초리는 차가웠습니다.

그녀가 어떤 말을 했는지는 모르지만, 그녀가 떠난 후 선생님은 나를 앞으로 불러냈습니다. 그는 나를 앞으로 부르더니, 손목에 찬 시계를 끌렀습니다.

그가 시계를 풀어놓는다는 것.. 나는 그 의미를 알고 있었습니다. 그는 항상 아이를 때리기 전에 먼저 시계를 풀어놓았기 때문입니다.

그가 시계를 찬 상태에서 마구 주먹과 손바닥을 휘두른다면 그의 시계는 망가질 것입니다. 그러므로 그는 자신의 귀중한 소유물인 시계를 보호하기 위해서, 그리고 마음껏 손을 사용하기 위해서 항상 구타 이전에는 시계를 벗어놓았던 것입니다.

이윽고 그의 구타는 시작되었습니다. 날아오는 주먹과 손바닥, 그리고 욕설과 고함.. 그런데 참 이상한 일이었습니다. 나는 그에게 열심히 맞고 있으면서도 관심은 그의 시계에 있었습니다. 맞고, 쓰러지고, 흐느껴 울면서도 나의 관심은 그의 책상에 놓여있는 시계에 있었습니다.

나는 이렇게 터지고, 망가지고 있는데.. 그의 시계는 무사하게 있을까? 이상하게도 나는 그것이 계속 궁금했고 또한 억울했습니다.

구타는 단순히 육체만을 아프게 하는 것이 아닙니다. 그것은 사람의 영혼을 파괴하는 것입니다.

그것은 사람의 존엄성을 깨뜨립니다. 구타로써 사람이 변화될 수 있다고 믿는 것은 정말 무서운 착각입니다. 구타는 사람을 정신병자로 만들거나 적개심으로 가득한 폭군으로 만들 수 있을 뿐입니다. 하지만 당시에 학생에 대한 무자비한 구타는 흔히 있는 일이었습니다.

그의 구타가 끝나고 일장 훈시가 이어질 때 나는 그의 말은 하나도 뇌리에 들어오지 않았습니다. 나는 울면서도 책상 위에 놓인 그의 시계만을 쳐다보고 있었습니다. 나는 저 시계만도 못한 존재이구나.. 마음속에서 그런 생각이 계속 솟구쳐 올라왔습니다.

그 후에도 오랫동안 나의 뇌리에서 그 시계는 사라지지 않았습니다. 나는 내 삶의 절반이상을 열등의식 속에 보냈고 오랫동안 시계보다도 못한 사람이라는 생각에 사로잡혀 있었습니다.

하나님의 은혜로 나는 변화된 후에 그 시계에 대한 기억을 잊었습니다.
그리고 내가 시계보다 훨씬 더 소중한 존재라는 것을 깨달았습니다. 아니, 그보다 훨씬 더 중요하고 가치 있는 존재라는 것을 알게 되었습니다.

이제 나는 사람들에게, 어린아이들에게 그들이 시계보다 더 가치 있는 존재라는 것을 이야기해주기를 좋아합니다.

당신이 얼마나 소중한 존재인지, 가치 있는 존재인지, 아름다운 존재인지 말해주는 것을 좋아합니다.

나의 어린 시절에 그랬듯이 지금도 많은 사람들이 자신의 소중함을, 자신의 아름다움을 발견하지 못하고 있기에 나는 그들에게 그것을 일깨워주려고 애씁니다.

주님을 만나기 전에 나는 한때 그를 용서하기가 어려웠지만 이제 와서 그에게 별다른 유감이 있지는 않습니다. 오직 불쌍하게 여겨질 뿐입니다.

직업이 선생이든, 의사이든, 변호사이든, 무엇이든 어디에서나 영혼이 성숙되지 못한 사람은 많이 있습니다.

학벌과 지능지수와 직업과 상관없이 영혼이 어린 사람은 남에게 고통을 줍니다.

사람은 영혼의 성장을 위하여 이 땅에 왔으며 이 땅에서 영혼이 자라지 못한 사람들은 사후에 어두운 곳으로 떨어지며 많은 대가를 지불하게 되는 것입니다.

그는 별로 악한 사람은 아니었을 것입니다. 다만 아직 영혼이 성숙되지 않았기 때문에 자기의 분노를 다스릴 줄 몰랐고 돈을 너무 좋아했으며 어린이들을 사랑하는 것을 몰랐을 뿐입니다.

6학년으로 올라가서 처음으로 담임선생님과 대면했을 때 그는 이런 이야기를 했습니다.

자기에게 배운 학생들이 졸업한 후에 길에서 만나면 인사도 안 하고 외면한다고, 몹시 서운하다는 이야기를 했습니다.

그래서 나는 생각했었습니다. 아니, 자기를 키운 스승을 만나서 감사의 표현도 안 하다니, 어찌 그런 나쁜 사람들이 있을까, 나는 꼭 기쁘게 인사를 해야지..

그러나 내가 졸업 후 중학생이 되어 그를 길에서 만났을 때 그가 먼저 웃었음에도 불구하고 나는 그를 외면하고 지나치고 말았습니다.

나는 이제 그 일이 몹시 후회가 됩니다. 그에게 웃으면서 인사를 했으면 참 좋았을 것을..

이제라도 그를 만나게 된다면 나는 내가 얼마나 그에게 감사하고 있는지를 이야기할 것입니다.

우리 모두는 시계보다 중요한 사람들입니다. 그러나 영혼이 발전되지 않으면 그 사실을 이해하지 못할 수도 있습니다.

그리고 사람들을 소중하지 않게, 물건보다도 더 하찮게 다룰 수도 있습니다.

그러나 영혼이 조금 자라면 모든 것이 새로워집니다.

지나간 시절의 고통도 기쁨으로 바뀌고, 고통은 오히려 찬란한 메시지가 되어 자기와 다른 사람의 영혼을 아름답게 비출 수 있게 되는 것입니다.

36. 자식은 은혜입니다

 내가 어릴 적에 어머니께서는 자식들이란 너무나 귀찮고 피곤한 존재들이라고 항상 말씀하셨습니다.

 그래서 나는 내가 너무 귀찮고 쓸데없는 존재이며 살아 있을수록 남에게 피해만 주는 존재라고 느꼈고 내가 살아있다는 사실이 항상 미안했습니다.

 어머니는 자신의 삶이 너무나 지치고 피곤하셔서 자식들에게 애정을 기울일 여유가 없으셨습니다. 그러나 내가 어른이 되어 아빠가 되고 보니 나는 입장이 약간 다른 것을 발견하게 되었습니다. 내가 지치고 힘들었을 때 아이들의 존재는 나에게 있어서 너무나 큰 위로와 힘이 되었던 것입니다.

 아무리 가난하고 힘들어도 어린아이들의 맑은 눈동자, 잠이 들어있는 그들의 천사와 같은 모습을 보고 있으면 새록새록 새 힘이 솟아나곤 했습니다.

 이 부족한 아빠를 완전히 의지하고 따르는 아이들을 보면서 얼마나 용기와 힘을 얻게 되었는지요!

 아이들을 키우는 것이 몹시 힘들다고 이야기들을 많이 하지만, 나는 사실 이들이 없이 어떻게 삶을 살아올 수 있었을까 하는 생각을 많이 합니다. 내가 그들에게 주는 것보다는 그들로부터 받는 것이 훨씬 더, 너무나 많았기 때문입니다.

아내가 첫 아이를 낳고 얼마 후에 내가 그녀에게 아이를 돌보는 것이 힘들지 않느냐고 물었습니다. 그녀는 잠시 생각하더니 힘든 것이 10%, 행복한 것이 90%라고 했습니다.

1년쯤 지나서 다시 같은 질문을 했더니, 이번에는 힘든 것이 1%, 행복한 것이 99%라고 대답했습니다.

그 이후에 다시 질문하지는 않았습니다. 어쩌면 그녀의 생각이 바뀌었는지도 모르지요. 그러나 정말 확실하게 느끼는 것은 나와 아내는 그들에게 은혜를 끼치고 있는 것이 아니라 은혜를 받고 있으며 진정 많은 것들을 얻고 있다는 사실입니다.

얼마 전 아이들이 보이스카우트, 걸스카우트 캠프에 2박3일의 수련회를 다녀온 적이 있었습니다. 그 때의 우리 집은 정말 적막하게 느껴졌습니다.

나는 계속 서성이면서 "이것들, 왜 이리 늦는 거야.." 하고 중얼거렸고, 아내는 웃으면서 "당신, 나중에 애들 다 떠나면 어떻게 하려고 그래요?" 하면서 핀잔을 주었습니다.

하지만 마음이 공허한 것은 그녀도 마찬가지였을 것입니다.
그런데 그 때 밖에서 들려오는 소리.. 유쾌하게 떠들썩하게 소란을 피우면서 우당탕 뛰어 들어오는 발자국 소리.. 아아! 그것은 우리에게 얼마나 큰 기쁨이 되었는지요! 그것은 곧 천국의 환호성이었던 것입니다. 그리하여 우리들은 모두 서로 이틀만의 감격적인 이산가족 상봉을 했던 것입니다.

"어서 오너라, 얘들아.. 재미있었니?"

"아빠! 보고 싶었어요.. 엉엉.."

아이들은 우리를 붙잡고 반갑고 기뻐서 울었습니다. 그러면서 우리는 몇 시간을 정신을 못 차리고 온갖 이야기를 떠들썩하게 나누기 시작했지요. 2박3일 동안 헤어졌다가 다시 만난 가족들의 해후.. 그것은 우리에게는 정말 천국의 경험이었습니다.

둘째 아이 예원이는 워낙 밤잠이 없어서 아내는 1년 가까이 거의 잠을 자지 못했습니다. 아이는 한 시간 간격으로 깨어서 우유를 찾았으니까요.

아내는 천식 기운도 있어서 환절기인 가을에는 힘이 들어 했는데, 계속 밤에 잠을 잘 수 없는 상황이 이어지게 되자 8개월 만에 쓰러져서 병원에 입원하게 되었습니다. 그녀가 병원에 입원한 며칠 동안 내가 아이를 돌보게 되었는데 나는 잠을 못 자는 고통이 어떤 것인지를 확실하게 알 수 있었습니다.

이렇게 힘든 것을 혼자서 8개월을 감당하다니.. 아내는 정말 미련할 정도로 희생적이었던 것입니다. 그러나 아내는 아무런 원망도 불평도 없었고, 다만 기력이 탈진되어 있을 뿐이었습니다.

병원에서 그녀는 며칠 동안 계속 잠을 자고, 자고 또 잤습니다. 잠에서 깨어난 그녀에게 느낌을 묻자 그녀는 꼭 한마디만 했습니다.

"아기가 보고 싶어요."

아기, 도대체 아기가 뭔데,. 아기 때문에 입원한 그녀는 깨어나자마자 아기를 찾는 것일까요.

둘째 아이를 낳았을 때 그녀는 몸조리해줄 사람이 없었습니다.

그녀의 친정어머니는 미국에 계시고 나의 어머니는 몸이 약하셨습니다. 감사하게도 친구의 아내가 자기 집에서 몸조리를 하도록 도와주겠다고 제안을 했습니다.

그 집도 어린아이들이 셋이나 되어서 전쟁통이었지만 우리는 그 사랑이 감사하기도 하고 또 다른 대책도 없어서 그 집으로 가기로 했습니다. 다만 아이들이 너무 많으니 우리 집 큰 아이는 나의 어머니께 맡겨야 했습니다.

내가 첫째아이 주원이를 본가에 맡기고 그 친구의 집에서 하루 밤을 잔 다음날 새벽 아내가 나를 깨웠습니다. 그녀의 눈은 부어 있었습니다.

"여보, 나 주원이 꿈 꿨어요. 주원이가 너무나 보고 싶어요. 그러니 당신 어머니 집에 가서 주원이 데리고 와요..."

나는 기가 막혔습니다. 바로 어젯밤에 주원이를 맡겼는데, 오늘 아침에 다시 데리고 오라니.. 그리고 주원이 까지 오면 이 집에 아이가 다섯 명인데 그 아수라장을 어떻게 감당하라고...

나는 그녀에게 차분하게 설명을 하면서 납득을 시키려고 했습니다. 며칠만 참으라고. 그 후에 데리고 오겠다고.. 그러나 그녀에게는 통하지 않았습니다.

"주원이 보고 싶단 말이에요. 빨리 데리고 와요. 엉엉.."

나는 할 수 없이 그녀를 달랬습니다.

"그래, 알았어요. 아침 먹고 바로 데려 올 테니까 이제 그만 울어요."

도대체 아이가 뭘까요? 그것은 논리적인 설명이 불가능합니다.

아이들.. 그들은 하나님께서 주신 귀한 손님이며 가장 아름다운 선물입니다. 그들은 우리의 소유가 아니며 잠시 동안 함께 하는 인생의 아름다운 동반자입니다. 그들은 우리에게 은혜를, 사랑을, 보람을, 기쁨을, 행복을 가르쳐 줍니다.

언젠가 그들은 떠날 것이고, 부모를 기억하지 않을 것입니다. 그러나 함께 있는 동안 그들은 우리에게 많은 은혜를 베풀며, 가르치며 함께 영혼의 성숙을 위한 여행을 하게 될 것입니다.

그러므로 아이들이 떠난 후에도 그리고 그들이 부모를 기억하지 못할지라도 나는 그들이 우리에게 준 희망과 기쁨, 생기발랄함, 사랑, 아름다움, 그리고 그들과 함께 있었던 그 은혜의 순간들, 천국의 기억들을 언제나 영원토록 잊지 않을 것입니다.

자식들.. 그들은 하나님의 선물입니다. 은혜입니다.
그것은 부모가 되어야만 알 수 있는
가장 아름다운 축복입니다.

37. 아이는 의사입니다

 몸과 마음이 많이 지쳐있던 어느 날 나는 어린이 놀이터에 갔습니다. 벤치에 가만히 앉아 있는데 일곱 살쯤 되어 보이는 두 여자 아이가 내게로 다가왔습니다.

 그 중 한 아이가 나를 빤히 바라보며 묻는 것이었습니다.

 "아저씨, 집에서 쫓겨났어요?"

 나는 웃음이 나오려는 것을 참고 아이에게 되물었습니다.

 "왜? 내가 집에서 쫓겨난 것 같이 보이니?"

 아이는 고개를 끄덕입니다.

 "네. 집에서 쫓겨난 것 같이 보여요."

 나는 다시 묻습니다.

 "주변에 집에서 쫓겨난 사람이 있었나보지?"

 아이는 다시 끄덕입니다.

 "네. 우리 이모가 집에서 쫓겨났어요. 왜냐하면 엄마하고 싸웠거든요. 이모가 밥을 먹다가요, 밥상을 엎어 버렸어요. 그리고 막 욕을 했어요. 그래서 집에서 쫓겨났어요."

 나도 고개를 끄덕입니다.

 "그래. 그것 참 안됐구나."

 아이는 계속 이야기를 이어 갑니다.

"그런데요. 이모가 어떤 아저씨랑 살게 됐는데요, 그 아저씨하고도 싸웠대요. 이모는 성질이 못됐나 봐요. 그래서 지금 병원에 입원해 있대요. 그래서 엄마가 병원에 이모 보러 가 봐야 된대요."

아이는 묻지도 않은 가정사를 다 이야기합니다. 아이는 무척이나 심심했던 모양입니다.

나도 쉬러 왔던 참이니까 열심히 아이의 이야기를 듣습니다.

시간이 지나서 나는 아이와 헤어져 집으로 옵니다. 아이는 손을 흔듭니다.

"아저씨 안녕! 다음에 또 계속 이야기 해 줄게요!"

나는 집에 들어왔습니다.

그런데 참 이상하군요. 머리가 아프고 마음이 답답하던 것이 어디로 가버렸는지, 아주 신선하고 편안합니다. 어린아이와 이야기하면서 복잡한 마음이 다 사라져 버린 모양입니다.

어린아이는 맑습니다.

그리고 아름다운 영혼을 가지고 있습니다.

그러므로 그들과 함께 있으며 대화를 나누는 것은 치유의 시간이며 회복의 시간이며 행복의 시간이 되는 것입니다.

38. 포용만이 사람을 변화시킵니다

잘 알고 지내는 부부가 있습니다.

만날 때마다 면전에서 그들은 싸웁니다.

소리를 지르고 욕을 하는 정도로 심각한 싸움은 아니지만 계속 상대방의 잘못한 점을 서로 이야기하는 것입니다.

그들은 상대방이 자기에게 얼마나 잘못했는지, 자신이 얼마나 속상하고 억울한지에 대해서 항상 열심히 이야기합니다.

그들의 논리는 서로 너무 정확하고 빈틈이 없어서 어느 쪽이 옳고 그른지 가늠하기가 어렵습니다.

나와 아내는 워낙 서로 부족한 점들이 많아서 감히 상대의 약점을 보지 못하고 그저 감사하며 삽니다.

그저 상대방이 나를 용서해주고 살아주는 것이 감사할 뿐입니다. 그러니 이들과 같이 당당하고 공격적인 모습이 대단하게 보이기도 합니다.

그런데 둘이 결혼한 지 10년쯤 지난 후에 만났을 때는 이런 팽팽한 긴장감과 말싸움이 좀 완화된 느낌이 들었습니다.

그래서 내가 물었습니다.

"요즘에는 잘 안 싸우나 봐요?"

그녀가 대답했습니다.

"네. 이젠 포기했거든요. 아무리 많이 이야기해도 소용없더라구요. 도무지 변화되지 않더라구요. 그래서 포기했어요."

나는 웃었습니다.

"잘 됐네요. 진작 포기하지. 그러면 10년 고생을 안 했을걸…"

사람들은 배우자를 자기에게 유리한 쪽으로 변화시키려고 무척 애를 씁니다. 자기는 변화되지 않으면서도 상대방에게는 왜 이렇게 못하느냐고 끝없이 요구합니다.

그러나 개구리에게 나는 법을 가르치려고, 새들에게 수영을 가르치려고 아무리 애를 써도 그것은 가능한 일이 아닙니다.

이와 같이 사람의 타고난 본성과 기질은 어지간한 충격 없이는 쉽게 바뀌지 않는 것입니다.

그러므로 상대방을 변화시키는 것보다는 자기 자신을 반성하고 변화시키려고 애쓰는 것이 훨씬 낫습니다. 상대방을 바라보는 자신의 시선이 바뀌면 비록 상대방이 변화되지 않을지라도 행복해질 수 있기 때문입니다.

잔소리와 비난은 결코 상대방을 변화시키지 못합니다. 또 설사 상대방이 변화되었다 하더라도 자신이 변화되지 않았기 때문에 결코 행복할 수 없습니다.

행복은 상대방이나 환경에 달려있는 것이 아니고 자신의 마음의 상태에 달려 있기 때문입니다.

그렇다면 사람이 변화되는 것은 전혀 불가능할까요?

그렇지는 않습니다. 만일 누군가 그 사람을 진정으로 받아주는 사람이 있다면 그 사람은 변화될 수 있을 것입니다.

어떤 사람을 있는 그대로 받아주고 받아들이고 사랑하는 사람이 있다면, 그러한 사람은 상대방에게 변화를 줄 수 있는 신선한 에너지를 공급하게 될 것입니다.

이 세상이 이렇게도 삭막하고 사람들이 변화되지 않는 이유는 도처에 비난하는 이들은 많아도 온전하게 받아주고 포용하는 사람은 찾기 어렵기 때문입니다.

부디 온전한 사랑을 배우십시오.
정죄하고 비난하지 않는 포용을 훈련하십시오.
남의 약점을 함부로 비난하지 마십시오.
자신이 받아들여지기 원하는 그만큼,
상대방을 부족한 그대로 인정하고 받아들이십시오.
그럴 때 상대방은 진정 변화될 것입니다.
또한 설사 변화되지 않는다고 할지라도
당신은 행복한 삶을 살 수 있게 될 것입니다.

39. 진정 중요한 것은 무엇입니까

 몇 년 전 천호동에 살았을 때 나는 가끔 시간이 날 때마다 동네 기원에 들르곤 했습니다.
 나의 바둑실력은 아마추어 중에서는 거의 국내 정상급입니다. 그래서 동네에서는 별로 적수가 없었습니다. 그러므로 바둑자체보다는 사람을 만나고 이야기하고, 사귀는 것이 좋아서 기원에 가는 것입니다.
 목사로서는 기원에서 별로 인기가 없겠지만 바둑의 고수가 가니 대환영이지요. 고수님이 오셨다고 아주 좋아합니다.
 바둑 한판을 두면 사람들이 많이 둘러싸고 구경을 합니다.
 바둑이 약한 사람과도 두어주고 친절하게 복기를 해주며 설명을 해주니 사람들에게 인기가 좋았습니다.

 기원원장님은 독실한 불교 신자이며 성품이 참 좋은 분인데 술을 지나치게 좋아하십니다. 그래서 기원문을 닫을 즈음이면 집으로 바로 가는 일이 드물고 거의 항상 기원 손님 몇 분과 함께 포장마차에 가서 술을 들곤 합니다.
 나도 가끔은 이 포장마차에까지 동행하기도 합니다.
 어떤 때는 새벽 3시까지 같이 앉아 있기도 합니다.

나는 술을 마시지는 않지만 그들과 콜라와 안주를 같이 먹으며 허물없이 이야기하고 삶을 나누는 그 시간이 아주 재미있게 느껴집니다.

목사가 같이 술자리에 끼어 있어서인지 내가 먼저 신앙에 대한 이야기를 꺼내는 적은 없는데도 종교문제가 자주 화제가 됩니다.

"여보쇼, 거 목사님이 계시니까.. 이거 하나 좀 물어봅시다.. 거, 하나님이 선악과는 왜 만드신 거요?"

"하나님이 세상을 다스리시는데, 왜 세상이 요 모양이요?"

질문의 종류는 다양합니다. 어디서 들었는지 참 들은 풍월도 많습니다. 나는 그저 웃기만 합니다.

그러다 보면 또 대답하시는 분도 있습니다.

"그건, 임마.. 무식해 가지고는.. 이런 거야.. 봐요, 목사님, 내 말이 맞죠?"

나는 그저 웃으며 고개를 끄덕여줍니다. 어차피 우리는 동료들이고 포장마차가 진리를 밝히는 토론장은 아니니까요.

가끔 진지하게 진리의 고민을 이야기하는 분도 있습니다. 그럴 때는 따로 개인적으로 이야기하면서 밤을 꼬박 새우게 되는 적도 있었지요.

그런데 이 기원에 몹시 인상적인 사람이 한 분 있었습니다.

그는 다른 사람들에 비해 거의 말이 없었고, 조용하고, 차분했으며 과묵했습니다.

그는 무척 진지해 보였고 뭔가 깊이가 있어 보였습니다.

직업을 물어보니까 철학을 한다고만 했고 별다른 대답이 없었습니다.

나는 그와 언제 한 번 진지하게 삶과 신앙에 대해서 이야기를 해 보아야겠다고 마음을 먹었습니다. 왠지 그와는 진지한 대화가 가능할 것이라고 생각했던 것입니다.

그런데 어느 날 나의 그 생각이 산산이 부서지는 날이 왔습니다. 밤늦게 기원에 들어갔는데 예의 그 철학자가 술이 취해서 어떤 다른 사람과 심각한 논쟁을 벌이고 있었던 것입니다.

그는 항상 조용하고 과묵한 사람이었던지라 나는 그가 도대체 어떤 문제를 가지고 그렇게 논쟁을 벌이는 것인지 몹시 흥미를 느끼고 그를 주시해 보았습니다.

그는 평소와 다르게 입술에 침을 튀기고 눈을 부라리며 제스처도 강렬하게 사용하면서 열심히 자기의 주장을 펴 나가고 있었습니다.

나는 그의 주장이 도대체 무엇인가 하고 귀를 기울여듣다가 곧 실망하고 말았습니다.

그와 상대편의 남자 두 사람이 열심히 침을 튀기며 인상을 쓰면서 다투었던 논제는 우리나라 국군이 월남에 파병한 해가 60 몇 년도인가에 대한 것이었습니다.

그들은 서로 자기가 주장하는 해가 맞다고 치열하게 주장했습니다.

그들은 마치 그 논쟁에서 이기는 것이 자신들이 세상에 태어난 목적이며 삶의 유일한 의미인 것 같이 흥분하고 있었습니다.

그 해가 맞다, 내가 그 때 무엇을 하고 있었기 때문에 안다.. 아니다. 그 때 무슨 일이 일어났지 않았느냐. 바로 그 시점이기 때문에 이 해가 맞는 것이다.. 뭐 그런 식으로 그들은 논쟁을 벌이고 있었고 그러한 그들의 정열적인 논쟁은 1시간이 지나도 끝날 줄을 몰랐습니다.

그러더니 점차로 기원에 있는 다른 사람들도 어느 한 쪽에 편을 들면서 논쟁이 확산되는 것이었습니다. 나는 그만 어처구니가 없어서 그냥 기원에서 나올 수밖에 없었습니다.

언젠가 '우리는 사소한 것에 목숨을 건다' 라는 책을 읽은 적이 있습니다. 내용이 다 기억이 나지는 않지만 아마 그 제목만큼은 분명한 사실인 것 같이 느껴집니다. 실제로 그런 분들을 많이 보았으니까요.

언젠가 버스 안에서 40대쯤의 운전기사님과 50대쯤의 승객이 치열하게 싸우는 것을 본 적이 있습니다.

주제는 왜 버스에 빨리 빨리 올라타지 않느냐, 그런데 너는 왜 반말하느냐.. 하는 문제에 대한 것이었습니다.

그렇게 사소한 것으로 시작된 싸움은 정말 정열적으로 치열하게 진행되었습니다. 그 두 사람은 정말 목숨을 걸고 싸우는 것 같았습니다.

어떤 식당에서 주인과 손님이 역시 뜨거운 열정으로 온 몸과 마음을 다해서 욕하고 싸우는 것을 본 적이 있습니다.

그 싸움의 원인은 자기보다 늦게 온 손님에게 식사가 먼저 나왔다는 것이었습니다.

식사가 조금 늦게 나온 것이 과연 그렇게 상대방을 미워하고 저주하며 죽어도 용서할 수 없는 일일 정도로 중요한 일이었을까요? 그들의 모습을 보면 그들은 그렇게 생각하고 있는 것 같이 보였습니다.

주차문제를 놓고도 목숨을 걸고 싸우는 이들을 참 많이 보았습니다.

왜 그들은 그렇게 대수롭지 않은 것에 몸과 마음을 다 던져버릴까요.

그들은 과연 그러한 문제들이 삶에서 가장 중요하고 가치 있는 일이라고 생각하는 것일까요.. 마치 그것을 양보하면, 그 싸움에서 지게 되면 그들의 인생은 끝나는 것이라고 생각하는 것일까요.. 아무튼 그러한 모습들은 참으로 허무하고 어처구니없는 모습들이었습니다.

그 후 기원의 그 철학자와 이야기할 기회를 갖지는 못했습니다. 아니, 내가 대화를 나누고 싶은 흥미를 잃어버리게 되었지요.

월남전 파병이야 이미 지나간 일이며 그것이 언제 이루어졌든 그것은 그렇게 대단하고 중요한 문제가 아닌데 그러한 것에 그렇게 몰두하고 흥분하는 사람이라면 진정 가치 있고, 의미 있는 일에 대해서 함께 나누기는 어렵지 않을까 생각했기 때문입니다.

오늘날 너무나 많은 사람들이 아무 것도 아닌 일들, 사소하고 본질적이지 않은 일에 집착하고 마음을 쏟습니다.
그러나 진정 우리가 마음을 쏟아야 할 일들에 대해서 진지한 관심을 기울이는 분들은 그리 많지 않은 것 같습니다.
참된 인생의 의미에 대해서, 영혼의 성장에 대해서, 우리가 해야 할 일들에 대해서, 사랑과 용서와 감사에 대해서 마음을 쏟는 분들은 별로 없는 것 같이 보입니다. 그리고 그것은 너무나 안타까운 일입니다.

참된 행복을 위해서
진정한 발전을 위해서
우리는 진정 가치 있는 것들을
발견하고 사모하고 추구해야 할 것입니다.
월남전에 파병한 것이 몇 년이든지
식사가 조금 늦게 나오든지, 말든지
처음 보는 무례한 사람이 반말을 하든지, 말든지,
별로 구애받지 말고

사랑과 평화로움과
영혼의 성숙과 참된 만족을 위해서
날마다 걸어가고,
발전해가야 할 것입니다.

사소한 것을 가벼이 넘기며
진정 가치 있는 것에 마음을 기울이고 경주하는
그러한 삶을 살아가야 할 것입니다.
무엇이 가벼운 것이며
무엇이 중요한 것인가를
바로 분별할 수 있을 때
우리의 영혼은 진정 아름답고 풍성한 삶을 향하여
나아가게 될 것입니다.

40. 순수해지십시오

 초등학교 4학년 때 쯤 우리는 셋집에서 살고 있었습니다. 어느 날 옆집 아주머니가 우리 집에 오셨습니다.

 그녀의 방문 목적은 함께 살고 있던 시동생의 취직을 나의 아버지에게 부탁하기 위한 것이었습니다.

 내 기억으로는 아버지도 같이 실업자이셨는데 어떻게 자기의 직업도 구하지 못하는 실업자에게 취직을 부탁하는지 잘 이해가 되지 않았습니다.

 그러나 내가 느끼기에 아버지는 조금 뻥이 세신 분이셨고, 자기가 얼마나 대단한 존재이며, 유명한 사람들을 많이 알고 있는가를 항상 큰소리로 이야기하셨기 때문에 옆집 아주머니는 아마 거기에 홀딱 넘어간 것 같이 보였습니다.

 나는 아버지가 큰 소리로 자기 자랑을 하실 때마다 창피해서 죽을 지경이었지만, 한편으로는 저렇게 터무니없이 당당한 아버지가 존경스럽기도 했습니다.

 식탁 앞에서 옆집 아주머니와 아버지는 대화를 하였습니다. 항상 그랬듯이 아버지는 큰 소리로 말씀을 하셨고 아주머니는 고개를 끄덕이면서 비굴한 표정으로 아버지의 비위를 맞추고 있었습니다.

이야기가 한참 진행되자 아주머니는 허리춤에서 새파란 돈들을 한 움큼 꺼내서 아버지 앞에 갖다 놓았습니다.

 '아, 저런 거금을!' 그 돈을 보고 나는 깜짝 놀랐고 이 사건을 통해서 아버지와 그 아주머니와의 관계가 역전되리라고 생각했습니다. 아주머니는 돈을 주는 사람이었고 아버지는 돈을 받는 사람이었던 것입니다.

 그러나 나는 그 순간 다시 한 번 놀랬습니다. 아버지는 그 아주머니가 준 돈에 대해서는 전혀 개의치 않았습니다. 그리고 그의 당당한 태도도 전혀 흔들림이 없었습니다.

 아버지는 그 돈에 대해서 거의 눈도 돌리지 않고 이야기를 계속해 나갔습니다. 마치 돈에 대해서는 아무런 관심도 없다는 듯이 말입니다.

 아니, 그는 딱 한번 그 돈에 대해서 눈길을 주었습니다. 아주 경멸하듯이 흘끗 쳐다보면서 그는 이렇게 말했습니다.

 "저 돈 가지고는 식사 한 번 하면 그만이에요!"

 나는 다시 한 번 기가 막힐 정도로 놀랐습니다.

 세상에! 저 많은 돈으로 한 번 식사하면 그만이라고? 도대체 무슨 식사를 하길래!

 나는 저렇듯이 돈에 대해서 초연한 아버지가 정말 존경스러웠습니다.

 아주머니는 더욱 더 비굴한 웃음을 띠었습니다.

 "그러니까 아저씨가 잘 좀 봐주셔야지.."

마침내 그녀는 경건하고도 정중한 태도로 아버지에게 인사를 하고는 문을 닫고 나갔습니다. 나는 그때까지 아버지에 대한 존경심과 경외감이 충만한 상태였습니다.

 오, 그러나 그 감정이 사라진 것은 바로 그 순간이었습니다.

 아버지는 아주머니가 문을 닫고 나가자마자 식탁 위에 놓였던 돈을 덥석 집어 드셨습니다. 그리고는 손가락에 침을 묻히더니 그 돈을 세기 시작하는 것이었습니다.

 그 아주머니가 문에서 나가자마자, 아버지가 돈을 세셨던 순간은 1초가 되지 않았을 것입니다. 불과 1초 만에, 돈에 대하여 초연했던 아버지는 나와 같은 평범한 사람으로 돌아왔던 것입니다.

 나는 그 모습을 보면서 충격을 받았습니다.

 그리고 느꼈습니다.

 어른들도 다 똑같구나.

 아버지도 나와 똑같아.

 그도 나처럼 아까부터 저 돈을 만져보고 싶었고, 세어보고 싶었지.

 그러나 그 마음을 감추고 있었던 것뿐이야..

 어른들도.. 우리들과 똑같아. 겉으로만 보이지 않으려고 할 뿐..
나는 그 때 많이 실망했었던 것이 기억납니다.

 나이가 들고 많은 생의 순간을 경험하고 삶과 사람의 아픔을 이해하면서 나는 지금도 같은 생각을 합니다.

어른들의 마음도 아이와 똑같다.
다만 아이는 감추려하지 않으나
어른들은 감추고, 보여주려 하지 않을 뿐이다.. 하고 말입니다.
오, 하지만 이 감추는 것,
자기의 마음을 드러내지 않는 것이
얼마나 불편하고 괴로운지요!
 비싼 음식점에서 식사를 하게 될 때,
 '와! 이것 너무 맛있다.. 굉장히 맛있네요, 그렇죠?' 라고 이야기하는 어른은 별로 없습니다.
 창피하다고 생각하기 때문이죠.
 '그런데, 이것 너무 비싸지 않을까요? 라고 묻지도 않습니다. 역시 부끄럽다고 생각하기 때문이지요.
 배가 고픈 상태로 다른 집에 갔을 때, '배가 고파요. 밥 좀 주시면 안돼요? 김치하고..' 라고 부탁하지도 못합니다. 다들 이렇게 말하지요.
 '아, 괜찮습니다. 다른 데서 먹고 왔거든요.. 아니, 지금 생각이 없거든요...'
 물론 그렇게 말하는 것이 예의를 지키고 체면을 세운다고 생각하지요.
 누군가가 선물을 가져오면 "와! 신난다. 이게 뭐예요? 고마워라.."
 이렇게 말하는 어른은 찾기 어렵습니다.

"아이고 뭘, 이런 걸 갖고 오셔서.." 하거나 "이 사람, 참. 왜 이러나! 도로 가져가게!" 합니다.

그리고는 그들이 가자마자 선물 꾸러미를 풉니다.

그리고는 말하죠.

"아니, 이것 싸구려잖아!"

그러나 아이들은 그렇게 하지 않습니다.

그 자리에서 선물을 풀어보고 깡충깡충 뛰지요.

사랑하는 애인이 떠나려고 할 때 어른은 이렇게 말합니다.

"부디 행복해요. 나는 아무래도 좋아. 당신만 행복하다면..."

아이들은 이렇게 말할 것입니다.

"가지 말아요. 엉엉. 나는 너무 슬프단 말이야.."

애인에게 전화해서 어른들은 이렇게 말합니다.

"나요, 별일 없었지? 그저 전화해봤소."

"마침 일이 있어서, 근처에 올 일이 있어서 전화했어요."

아이들은 이렇게 말합니다.

"나예요. 보고 싶어서 전화했어요."

"보고 싶어서 일을 다 팽개치고 여기에 왔지요."

아이들의 세계, 꾸밈없는 마음의 표현들이 무조건 다 좋은 것은 아니겠지요.

사회생활에는 예의도, 질서도, 상대에 대한 배려도, 또 많은 것들이 필요하니까요.

그러나 할 수만 있다면, 남에게 피해를 주는 것이 아니라면, 우리는 어린아이의 마음으로 돌아가야 합니다.

우리를 억압하고 있는 위선과 체면과 가식의 마스크를 벗어 버려야 합니다.

왜냐하면 그것은 우리에게 진정으로 자유를 주기 때문입니다.

마스크를 벗을수록
우리는 따뜻해지며
아름다워집니다.
우리는 사랑스러워지며
삶을 향유할 수 있게 됩니다.
어린 시절, 천진난만함, 고향, 평화로움은
우리의 추억 속에만 남아 있어서는 안 되며
날마다 우리의 삶 속에서 향유되어야 합니다.

세월은 흐르고
나이는 먹어가지만
우리는 여전히 어린아이의 순수함을 가지고 있어야 합니다.
그렇게 어린아이와 같은 순수함과 천진난만함을
유지할 수 있을 때
우리의 영혼은 항상 행복과 자유함 속에서
살아가게 될 것입니다.

41. 내 마음의 공터

 누구나 그 마음속 깊은 곳에는 고향이 있습니다. 나는 서울에서 태어나 줄곧 서울에서만 자랐으니 고향 이야기를 하기도 낯간지럽지만, 그래도 어린 시절의 기억들은 아직도 내 마음을 훈훈하게 합니다.

 나의 기억에 가장 많이 남아있는 장소는 용산구 한남동의 골짜기입니다. 그곳에서 대 여섯 살 때부터 살았고 초등학교 시절부터 결혼할 때까지는 용산구 보광동에 살았었습니다.

 아내도 용산구 이태원동에 살았으니, 우리는 이웃사촌인 셈입니다. 결혼 후 신혼 초에는 인천, 부천, 수원, 안양 등지에 살다가 다시 서울에 오게 되었습니다.

 부모님이 여전히 보광동에 사셨으므로 우리는 가끔 부모님을 뵈러 보광동에 올 때마다 고향에 오는 기분이었습니다. 그런데 아버님이 돌아가시고 어머님마저 보광동을 떠나 다른 곳으로 이사하시게 되자 나는 마치 고향을 잃어버리는 것 같은 느낌이었습니다.

 마지막으로 보광동에 오던 날, 집으로 돌아가던 중에 나는 아내에게 부탁을 했습니다.

이곳은 내가 자라난 곳이고 추억이 많이 담겨 있는 곳인데 앞으로 일부러 이곳에 다시 올 일은 없을 것 같으니, 내 어린 시절의 추억이 남긴 곳을 한 번 가보고 싶다고.

 아내는 잠시 나를 바라보더니 좋다고 고개를 끄덕거렸습니다. 그래서 나는 아내와 보광동 일대를 성지 순례하듯이 돌아보게 되었습니다.

 저기가 몇 살 때 살던 집, 저기는 내 친구와 놀던 곳, 그리고 내 친구와 싸우던 곳, 내가 다친 장소, 저기는 구멍가게가 있던 곳.. 그런 식으로 나는 감회 어린 표정으로 아내에게 그렇게 일일이 설명을 했습니다.

 어떻게 그 모든 일이 다 선명하게 기억이 나는지 참 놀라운 일이었습니다.

 내가 기억하지 못하는 순간에도 고향은, 어린 시절은 나의 잠재의식 속에 항상 있었던 것입니다.

 그러나 아내는 나처럼 감동적인 것 같지 않았습니다. 그녀는 달동네인 언덕을 오르내리다 보니 지쳤는지 대충 순례를 마치고 어서 집에 가고 싶은 마음이 간절한 것 같았습니다.

 그러나 나는 나의 가장 어린 시절의 추억인 한남동 골짜기를 포기할 수 없었습니다.

 나는 아직 확인해야 할 것이 많았던 것입니다. 결국 지친 아내는 성지 순례를 포기하고 말았습니다.

"여보, 너무 언덕이 너무 가팔라서 힘들어요. 나는 여기 앉아 있을 테니까 당신 혼자 다녀와요."

나는 조금 서운했지만 할 수 없이 나 혼자 추억을 더듬어보기로 했습니다. 아직 나의 기억에 남아있는 내가 가장 어렸을 때 살던 집이 너무나 보고 싶었던 것입니다.

그러나 다소 불안한 마음이 있었습니다. 내가 과연 나의 옛집을 찾을 수가 있을까? 내가 대 여섯 살에 살던 집을.. 나의 기억에 그 집은 비탈의 중간쯤에 있었습니다.

집의 옆에는 헛간이 있었고, 나는 세 발 자전거를 가지고 있었는데 그 헛간에 두었다가 그 자전거를 잃어버렸던 기억이 납니다. 세상에! 그 일은 나를 얼마나 비통하게 했는지!

친구와 눈을 뭉쳐서 눈싸움을 하던 곳, 나의 체격의 반만 한 아이와 싸우다 코피가 터졌던 장소, 그래서 온 동네 어른들이 다 배를 잡고 웃었던 거리.. 나는 그 동네, 그 집을 찾아야 했습니다.

그런데 나는 그 집을, 그 거리를 도무지 찾을 수가 없었습니다. 왜 그리 거리는 변했는지요! 골목 자체가 없어진 것 같았습니다.

예전에 미군 부대가 있었던 곳도, 구멍가게가 있던 곳도, 다 없어지고 말았습니다. 허름한 집들은 다 헐리고 모두 다 빌라 촌으로 바뀌어져 있었습니다.

나는 할 수 없이 집을 찾는 것을 포기하고 내가 자주 놀던 공터, 운동장을 찾아보기로 했습니다. 집은 찾지 못했지만, 공터만은 포기할 수 없었습니다. 그것은 내 추억의 가장 중심부분에 있던 것이었기 때문입니다.

공터를 찾는 중에 나는 내가 어릴 적에 다니던 교회에 갔습니다. 그리고 교회 안에 있던 놀이터에 가만히 주저앉았습니다.

이상하게도 그것은 너무나 작았습니다.

그네도, 시소도 너무나 작았습니다. 어릴 때에 느꼈던 것 보다 엄청나게 작아져 있어서 앉아 있기도 힘들었습니다.

어렸을 때, 이곳에는 교회의 한 쪽에 작은 목장이 있었고, 여러 마리의 양들이 있었습니다.

그곳에서 가장 작은 양 새끼를 나는 '딱부리' 라고 불렀고, 자주 그와 씨름을 하곤 했습니다. 그놈도 고집이 대단해서 머리로 버티면서 나와 씨름을 했고, 잘 지려고 하지 않았습니다.

그러나 그 목장은 나의 추억 속에만 있을 뿐, 현실에서는 이제 어디에도 존재하지 않았습니다.

나는 슬픈 마음으로 교회를 나와서 다시 공터를 찾았습니다. 내 마음의 공터를 찾았습니다.

그 공터 안에서 얼마나 많은 일들이 있었는지요!

아이들과 나는 같이 딱지치기도 했고, 구슬 따먹기도 했습니다. 씨름도 했지요.

우리 마을의 모든 어린애들이 전체가 편을 갈라서 딱지치기를 한 적도 있었습니다. 최후의 승자가 2명이 남았는데, 그 둘의 결승전에 온 마을의 아이들이 얼마나 숨을 죽였는지 모릅니다. 그 역사적인 전투의 현장이 그 공터였던 것입니다.

나는 꿈속에서 그 공터를 많이 보았습니다. 내가 외로울 때 나는 꿈을 꿨고, 꿈속에서 항상 나는 그 공터에 있었습니다.

나는 꿈속에서 그 공터에 혼자 앉아 있기도 하고, 딱지치기를 하기도 했습니다. 꿈속에서도 나는 항상 딱지를 잃는 편이었습니다. 하지만 그래도 공터에 대한 꿈을 꾸는 것은 행복한 일이었습니다.

나는 30분이 넘도록 그 공터를 찾아 다녔습니다. 그러나 어디에도 내 마음의 공터는 없었습니다.

내가 못 찾는 것일까요? 아니면 공터가 아주 없어지고 그 자리에 다른 것들이 들어선 것일까요?

나는 그곳에서 종일 헤매고 싶었습니다. 그냥 잃어버린 공터를 찾는 다는 것, 그 자체가 내게 이상한 행복감을 주었고 왠지 내 속에서 어떤 끌림이 있어서 그곳을 떠나고 싶지 않았기 때문입니다.

그러나 기다리고 있을 아내를 생각하면, 나는 이제 그만 포기하고 돌아가야만 했었습니다. 아쉬움을 떨치면서, 뒤를 돌아보면서 나는 그 골짜기를 나섰습니다.

추억이 어린 장소, 그러나 아무리 찾아도 찾을 수 없는 옛 추억의 장소를 나는 떠날 수밖에 없었습니다.

아내가 있는 곳으로 오자 아내는 몹시 지루한 듯 목을 빼고 기다리고 있었습니다. 그런데 이상하게도 나는 아내를 보자 눈물이 핑 도는 것을 느꼈습니다.

나는 목이 메어서 어린아이처럼 말했습니다.

"여보, 없어졌어.."

아내는 놀라서 물었습니다.

"뭐가요?"

"공터, 공터가 없어졌어. 내가 놀던 놀이터, 공터가 그 자리에 없어.."

나는 울면서 대답했습니다. 이상하게도 눈물이 계속 나왔습니다. 아내는 어처구니가 없었던지, 아니면 불쌍해 보였는지 나의 등을 토닥거리며 말했습니다.

"울지 마요, 여보. 내가 공터를 만들어 줄게.."

아내의 위로하는 소리를 들으면서 나는 한결 마음이 가벼워졌습니다.

그녀가 어떻게 공터를 만든다는 것인지, 무슨 공터를 만든다는 얘긴지, 나는 아직도 모릅니다. 그러나 아무튼 그녀가 나의 슬픔을 이해하고 위로해 주는 것이 몹시 고마웠습니다.

그때가 5, 6년쯤 전인가요, 나는 그 이후로 그 곳에 가보지 않았습니다.

아마 언젠가 다시 옛 집을, 꿈에서 본 공터를 찾으러 가볼지도 모르지요. 하지만 없어진 공터가 다시 생기지는 않을 것입니다.
 그렇습니다. 나는 어린 시절에 놀던 공터를 잃어버렸습니다.
 하지만 내 마음속에는 아직도 그 시절의 공터가 있습니다.
 친구들과 놀고 딱지치기하고, 싸우고, 씨름하던 그 공터가 있습니다.
 생각만 해도 마음이 따뜻해지고, 가슴이 아련해지는 공터-
 그것은 내 마음속에 남아 있습니다.
 비록 현실에서는 없어졌어도
 나의 영혼 한 구석에 아련하게 남아있는
 공터의 기억들..
 아름다움, 순수함, 어리석음, 사랑,
 열정, 천진난만함, 아쉬움..
 그러한 그 모든 지난 시절의 그리움들을
 나는 영원히, 소중하게 나의 기억 속에 간직할 것입니다.

42. 살아있는 동안 당신의 영혼이 성숙되게 하십시오

사람은 영혼과 육체로 구성되어 있습니다.

육체는 눈에 보이며 영혼은 눈에 보이지 않습니다.

그러나 보이지 않다고 해서 마음의 존재, 영혼의 존재를 느끼지 못하는 사람은 없습니다.

육체는 물질계에 속하며 영혼은 영계에 속합니다.

육체는 물질계에서 음식을 통하여 에너지를 얻으며 영혼은 영계에서 느낌, 생각, 감동 등의 에너지를 받아들입니다.

물질계는 시간과 공간이 있으며

영계는 시간과 공간을 초월합니다.

물질계는 과거, 현재, 미래가 있으나

영계는 오직 영원한 현재가 있을 뿐입니다.

마음이 어떤 생각을 할 때

그것은 이미 영계에서 이루어진 것입니다.

그러나 물질계는 시간의 지배를 받으므로

그것이 현실에 나타나기까지는 어느 정도의 시간이 필요합니다.

그런 의미에서 사람들의 모든 생각과 느낌, 감동은 실상입니다.

그것들은 언젠가는 삶에 나타날 것입니다.

그렇기 때문에 사람들이 항상 하고 있는 생각과 느낌과 감동은 하나의 씨앗을 심는 것과 같습니다.

그리고 그렇게 심은 씨앗들은 언젠가 때가 되면 자신이 뿌린 대로 열매를 거두게 되는 것입니다.

오늘날 많은 사람들이 자기의 생각과 말속에서 분노, 원망, 불평, 비난, 험담 등을 심습니다.

그들은 그 순간 어둠의 영계에서 에너지를 받아들이고 있는 것이며 멀지 않은 미래에 닥칠 재앙과 저주를 심고 있는 것입니다.

얼굴에 기쁨이 가득해서 남을 비난하는 사람은 아무도 없습니다. 모두가 불평과 짜증이 가득한 표정으로 남을 비난합니다.

그것은 그 순간 어두움의 권세가 그들을 지배하고 있기 때문입니다.

사람들이 계속 어두움의 영계와 교통하며 어두움의 영계에서 오는 어두운 생각을 하고 어두운 말을 하면서 미래의 행복을 기대하는 것은 어리석은 일입니다.

그리고 자기가 뿌린 고통의 열매들이 닥쳐올 때에 이상하게 여기는 것도 역시 어리석은 일입니다.

진정으로 행복을 원한다면
지옥을 원하지 않는다면
남을 함부로 비난하지 마십시오.

함부로 불평하지 마십시오.
스스로 자신을 불쌍하게 생각하지 마십시오.
당신이 속해있는 어두움의 영계에서 빠져 나오고 싶다면,
감사를 훈련하십시오.
애정의 표현을 훈련하십시오.
어린아이를 안아주십시오.
노래를 배우십시오.
작은 친절에도 감사하고 기뻐하며
당신의 마음을 표현해야 합니다.
당신이 깊은 어두움의 영계에 속해 있다면
이 모든 일들이 엄청나게 힘들 것입니다.
그러나 조금씩 당신이 빛의 세계로 올라가게 된다면,
 당신은 이 모든 것들이 점점 더 쉽고 재미있게 느껴질 것입니다.

아직 살아있을 때에
어두운 곳에서 나오십시오.
왜냐하면 육체가 소멸된 이후에는
다시는 성장의 기회가 없으며
영원한 어둠 속에서
원망과 저주를 반복하며 살아야 하기 때문입니다.

살아 있는 동안에
영계의 높은 곳으로 오르기를 힘쓰십시오.
평화로움이 가득하고
오직 사랑만이 있으며
모든 것을 용서하고
모든 것을 기뻐할 수 있는
그러한 영적 수준에 오를 수 있도록 노력하십시오.
썩어질 육체의 어두움에 빠져 있도록 방치하지 않고
살아있는 동안 영계의 높은 곳으로 오르십시오.

영계의 낮은 곳에 있는 사람은
물질과 모든 것이 아무리 풍족해도
항상 불안하고 쫓기며
영계의 높은 곳에 오른 사람은
아무 가진 것이 없어도
그의 마음은 기쁨과 행복과 사랑으로 가득합니다.
살아 있는 동안에
당신의 영혼을 바꾸십시오.
살아있는 동안에
당신의 영혼이 성장하게 하십시오.
그것이 우리가 누릴 수 있는 진정한 행복이며
곧 우리가 이 땅에 존재하는 의미이며 목적인 것입니다.

43. 어린이를 사랑하십시오

 일이 있어서 동사무소에 갔습니다. 조금 기다려야 되는 상황이어서 주위를 돌아보니, 조금 떨어진 다른 창구에 대 여섯 살쯤으로 보이는 남자아이와 아이의 엄마가 무언가 수속을 하면서 기다리고 있었습니다.
 심심한 차에 나는 아이에게 따라가 말을 걸었습니다.
 "꼬마야, 안녕? 몇 살 먹었니?"
 아이는 방글방글 웃기만 할 뿐 대답을 하지 않았습니다.
 그 방글거리는 표정이 너무나 귀여웠습니다.
 "몇 살인지, 몰라? 아저씨가 맞춰 볼까?"
 아이는 고개를 끄덕거렸습니다.
 "다섯 살?"
 아이는 고개를 흔들었습니다.
 "여섯 살?"
 아이는 다시 방글방글 웃으며 고개를 흔들었습니다.
 그때 엄마가 갑자기 끼어들었습니다.
 그녀는 아이의 머리를 쥐어박으며 말했습니다.
 "뭐가 아냐? 너 여섯 살 맞잖아!"
 나 때문에 알밤을 맞은 아이가 조금 안쓰러웠지만, 재미가 있어서 조금 더 이야기해보기로 했습니다.

"너 유치원 다니니?"

아이는 고개를 끄덕였습니다.

"어디 유치원?"

아이는 계속 웃기만 했습니다.

"아저씨가 맞춰볼까? 개나리 유치원..."

아이는 다시 고개를 흔들었습니다.

이 때 엄마가 다시 아이에게 알밤을 먹였습니다.

"K유치원이라고 왜 말 못해?"

나는 다시 아이에게 물었습니다.

"너는 형제가 없니? 형은 없어?"

아이는 다시금 방글방글 웃었습니다.

엄마가 다시 머리를 쥐어박았습니다.

"너 형 있잖아! 왜 말 못해?"

나는 다시 물었습니다.

"형이 몇 학년이야?"

다시 엄마가 쥐어박았습니다.

"2학년이라고 대답해야지!"

나는 그쯤 해서 아이와 빠이빠이를 했습니다. 더 계속하다가는 아이의 머리에 혹이 많이 생길 것 같았기 때문입니다.

아이는 천진난만하고 맑은, 방글거리는 표정으로 열심히 손을 흔들었습니다. 비록 엄마에게 머리를 많이 쥐어 박히기는 했지만 나와 대화하는 것이 재미있었나 봅니다.

 아이와 헤어진 후에도 한동안 아이의 방글거리고 웃는 모습이 이상하게 지워지지 않았습니다.

 그리고 이런 의문들이 떠올랐습니다.

 왜 어른들은 아이들을 자꾸 윽박지를까?

 왜 아이들의 이야기를 잘 들어주지 않을까?

 꼭 대화를 말로만 할 수 있는 것은 아닌데.. 왜 항상 뻔한 정답을 이야기하도록 요구하는 걸까.. 그런 생각이 자꾸 일어났습니다.

 지금도 그 아이는 방글거리며, 또 엄마에게 쥐어 박히며 즐겁게 살고 있겠지요. 아니, 어쩌면 자라가면서 그 아이는 그 예쁜 미소를 잃어버릴지도 모릅니다.

 아마 어른들에 의해서 별로 의미가 없는 많은 것들을 배우겠지요. 남들에게 지지 말아야 할 것, 공부를 더 잘해야 하는 것, 엄마의 자랑거리가 되어야 하는 것..

 아이는 조금씩 미소를 잃어버리고 바쁘고 쫓기며 짜증을 내는, 평범하고 멋없는 어른이 되어갈지도 모르지요.

 가끔 집 근처의 초등학교를 지나갈 때 나는 가끔씩 발을 멈추고 운동장에서 뛰노는 아이들을 바라봅니다.

 너무나 아름답고, 사랑스러운 아이들.. 그렇게 그들을 바라보는 것만으로도 내 마음은 설렘과 행복감으로 가득해집니다.

 그러나 어쩌면 그 사랑스러운 아이들도 어른들에 의해서 차츰 병들어 갈지 모릅니다. 그리고 사랑과 평화보다는 싸움과 경쟁과 분노에 대해서 익숙해질지도 모릅니다. 그것은 정말 생각하고 싶지 않은 일이었습니다.

어린이들을 사랑하는 것은 곧 하나님을 사랑하는 것입니다.

어린이들을 사랑할 때 세상은 아름다워집니다.

어린이들과 이야기를 하며 마음을 나누며 그들에게 무엇인가를 배워갈 때 세상은 따뜻해집니다.

그것은 어린이들의 영혼은 맑고 깨끗하며 순수한 아름다움을 많이 간직하고 있기 때문입니다.

그러나 어린이들을 억압하고 그들의 이야기를 듣지 않는다면, 어린이들이 어른의 영향을 받아 이기적이 되어가고 공격적이 되어가고 마음이 병들어 간다면, 세상에는 아무런 소망이 없어지는 것입니다.

부디 어린아이를 사랑하십시오.
그들과 자주 이야기를 나누십시오.
그들의 이야기를 들어주며
그들의 맑은 눈동자를 쳐다보십시오.
그것은 참 쉽고 돈이 들지 않은 영성 훈련이며
당신의 마음을 변화시키고
세상을 새롭게 변화시키는
쉽고도 아름다운 은총의 방법인 것입니다.

44. 어린 아이도 많은 것을 생각합니다

　내 생애 첫 번째의 쇼핑 경험은 여덟 살 때, 초등학교 1학년 때였습니다. 그것은 내게 있어서 아주 중요한 사건이었습니다.
　어머니와 같이 물건을 산 적은 있었지만, 나 혼자 단독으로 쇼핑의 권리를 부여받은 것은 그때가 처음이었습니다.
　나는 나보다 어린 아이들도 쉽게 가게에서 물건을 산다는 것을 잘 알고 있었습니다. 그러나 나는 원래 세상에 대하여 적응하는 것이 느렸고, 그래서 생애 첫 번째의 쇼핑을 잘 할 수 있을지 몹시 걱정이 되었습니다.

　첫 번 째의 쇼핑을 하기 전날 밤 나는 내게 주어진 돈 1원을 가지고 내가 무엇을 사야 할지를 미리 생각해 두었습니다.
　그 가게 앞에서 무엇을 사야할지 몰라서 당황하는 모습을 보여서는 안 된다고 생각했던 것입니다.
　엄지손가락 한 마디만한 동그랗고 하얀 모양의 우유 과자 - 그것이 1원에 4개였고 오랫동안 나의 선망의 대상이었으므로 그것을 사기로 결정하는 것은 그리 어렵지 않았습니다.
　하지만 과연 내가 다음날이 되면 내가 결정한 대로 돈을 내고 내가 원하는 것을 가져올 수 있을까요? 나는 그것이 몹시 걱정스러웠습니다. 그리고 속으로 나는 할 수 있을 것이라고 마음을 굳게 먹었습니다.

드디어 그 날은 왔습니다. 내 생애 최초의 쇼핑 날, 바로 그 날이 온 것입니다. 나는 긴장된 모습을 감추려고 노력하면서 집에서 가까운 구멍가게로 갔습니다.

나는 이 쇼핑이 내 삶에 중요한 계기가 될 것을 알았습니다.

이 쇼핑에 성공하면 나는 인생에 있어서, 삶에 있어서 많은 자신감을 갖게 될 것입니다. 하지만 여기에 실패하면 나는 많은 용기를 잃어버리게 될 것입니다.

그런데 어쩐지 가게에 왔을 때 나는 자신감이 조금 씩 사라지고 있는 것을 느꼈습니다.

내가 물건을 사러 왔을 때 주인아저씨가 나오셨는데 나는 내가 너무 어리기 때문에 그가 나를 무시하지 않을까 걱정이 되었습니다. 그래서 나는 그에게 1원 짜리 동전을 내밀었습니다.

물건 값은 먼저 물건을 산 후에 나중에 지불한다는 것을 나는 알고 있었습니다.

그러나 나는 내가 돈을 내지 않고 그냥 어정거리고 있으면, 내가 물건을 살 의도가 없이 그냥 가게에서 쓸 데 없이 시간을 보내는, 그래서 주인아저씨를 귀찮게 하기만 하는 그런 아이로 오해받지는 않을까 두려웠던 것입니다. 실제로 그런 아이들은 무척 많았으니까요.

그래서 나는 조금 순서가 틀리기는 하지만 나의 귀중한 돈을 미리 지불함으로써 나도 당당한 고객임을 밝히고 싶었던 것입니다.

그러나 나의 섬세한 궁리에 아저씨는 별로 관심이 없다는 듯, 나의 소중한 돈 1원을 받고는 그냥 안으로 들어가 버리고 말았습니다.

그 아저씨의 의도가 무엇인지는 모르지만, 그 장면에서 나는 상당히 충격을 받았습니다.

상거래라는 것은 두 사람의 상호 관계에서 이루어지는 것인데, 여기서 갑자기 당사자 하나가 없어져 버린 것입니다.

이것은 내가 밤 새 궁리했던 예정 가운데 없던 일이었습니다.

그때 나는 인생이란 내 계획대로 흘러가는 것은 결코 아니라는 것을 이해할 나이는 아직 아니었으니까요.

나는 주인이 방에 들어가 버린 가게에서 혼자서 망설였습니다.

이 예상치 못했던 돌발 사태에서 나는 어떤 선택을 하여야 할까? 미리 결정한 대로 우유 과자를 들고 그냥 가게를 나올 것인가?

그러나 내가 망설이는 가운데 이미 시간이 많이 흘렀으므로 주인아저씨가 나에게 돈을 받았던 사실을 만일 잊어버렸다면? 그래서 내가 우유과자를 훔쳐 가는 것으로 생각한다면?

아니, 설사 기억한다고 하더라도, 그가 내가 어린아이이기 때문에 나를 무시하고 나에게 돈을 받지 않았다고 우긴다면?

그렇다면 내가 돈을 주고 그가 받은 것을 본 사람이 없는데, 누가 나의 결백을 증명해 줄 것인가?

아니, 그건 나중의 일이고 지금 여기 가게에 나 혼자 밖에 없는데 혹시 지나가던 사람이 내가 과자를 집어 가면 도둑으로 오해를 하지는 않을지?

이런 저런 가능성을 생각하다가 나는 마음이 피곤해졌습니다.

나는 인생이 참으로 복잡하고 피곤한 것이라고 느껴졌습니다.

결국 나는 그냥 가게를 나오기로 했습니다.

그러면 아저씨가 "얘! 과자를 가지고 가야지!" 하고 부를지도 모른다고 생각했습니다. 만약 그렇게 된다면 상황은 역전되는 것이며 모든 문제는 졸지에 해결되는 것입니다.

나는 거기에 마지막 희망을 걸었습니다.

그리고 아주 천천히 가게를 나왔습니다.

그러나 내가 가게를 나올 때 아저씨는 나에게 전혀 관심을 기울이지 않았습니다.

나의 돈을 받고도! 그리고 아무런 대가를 지불하지 않고도! 그는 아무런 관심을 기울이지 않았습니다.

집으로 오면서 계속 뒤를 돌아보았지만, 주인아저씨는 나를 찾지 않았으며 아무도 내게 과자를 가지고 가라고 이야기하지 않았습니다.

나는 하루 종일 좋은 소식을 기다렸습니다.

나는 늦게라도 아저씨가 찾아와서 "애야, 미안하다...내가 그만 네가 과자를 안 가지고 간 것을 몰랐구나.." 하고 말하는 것을 상상했습니다.

그러나 그 날 밤까지 아무런 일도 일어나지 않았습니다. 그리하여 내 생애 첫 번째 쇼핑은 이렇게 비참하게 실패로 끝나고 말았습니다.

나는 몹시 슬펐고, 용기를 잃었으며 그래서 슬프게 울었습니다. 그리고 다시 쇼핑에 재도전하기까지는 많은 시간이 필요했습니다.

지금에 와서 나는 생각합니다.

나는 왜 그리 쓸 데 없는 생각을 많이 했을까..

왜 그리 단순하지 못했을까.. 왜 필요 없는 고민을 하면서 어린 시절을 보냈을까.. 그런 생각을 하는 것입니다.

나의 경험에 비추어서 나는 어린아이들의 마음에 대해 자주 생각합니다.

내가 과거에 그러했듯이 어린아이들은 보기보다 생각을 많이 합니다.

그들은 의외로 많은 것을 알고 있습니다. 많은 것을 보고 들으며 자기 나름대로 느낌을 가지고 생각을 가집니다.

겉으로는 어수룩해 보이고 어설프게 보여도 어린아이들의 마음 속에는 여러 가지의 생각과 판단이 움직이고 있는 것입니다.

그러므로 어린아이들의 세계를 이해하기 위해서 우리는 좀 더 섬세해져야 합니다.

그들의 시선 앞에서 조심해야 하며 행동과 이해가 느리고 답답하게 보여도 억압하거나 윽박질러서는 안 됩니다.

그들의 언어를 이해하기 위해서 우리는 좀 더 순수해져야 합니다.

또한 우리도 한 때 어린 시절이 있었다는 것을 기억하고 할 수만 있다면 때 묻지 않은 천진한 어린아이의 마음과 생각으로 그렇게 삶을 살아가야 하는 것입니다.

왜냐하면 어린아이의 천진난만한 삶 - 그것은 바로 천국의 삶이기 때문입니다.

PS. 만약 슈퍼에 어린 아이가 온다면 그 아이가 쇼핑에 성공하도록 잘 도와주십시오. 그것은 그 아이에게 아주 중요한 일입니다.

45. 이기적인 영혼은 살아 있으나 죽은 것입니다

 학교에서 시험을 치고 돌아온 예원이가 문제 몇 개를 틀렸다고 무척이나 아쉬워했습니다.
 그래서 내가 말했습니다.
 "예원아, 몇 개쯤 틀릴 수도 있지, 뭘 그걸 갖고 그러니?"
 "하지만 빤히 아는 걸 틀렸단 말이에요."
 "왜 아는 것을 틀렸는데?"
 "실수로 정답이 아닌 것을 썼어요. 그래서 아차 싶었는데 그걸 지우고 정답을 쓰려고 했는데, 지우개가 없어서 틀렸어요. 그래서 너무 아쉬워요."
 "예원아, 지우개가 없으면 친구에게 빌려달라고 하지.."
 "물론 빌려달라고 했죠. 하지만 아무도 안 빌려줘요. 요즘에는 아무도 지우개 같은 건 안 빌려주는 걸요..."

 나는 아이의 설명을 듣고 어처구니가 없었습니다.
 많은 아이들이 평소에 아무리 친하더라도 지우개와 같은 것을 서로 빌려주지 않는다고 합니다.
 상대방이 빌려달라고 하는 눈치면 살짝 숨겨 놓는다고 합니다.
 물론 자신이 지금 사용해야 하는 것도 아닌데 말입니다.

혹시 어떤 아이가 집에서 숙제를 하지 않아서 학교에서 숙제를 하려고 하면 경쟁적으로 선생님께 일러서 야단을 맞게 하기 때문에 학교에서 숙제를 할 엄두를 내지 않는다고 합니다.

요즘 아이들의 이기적인 모습을 대하고 놀랄 때가 많이 있습니다.

친구가 집에 와 있는데 친구를 놔두고 혼자서 과자나 빵을 먹는다든지, 여럿이 같이 놀러가서도 자기 혼자만 군것질을 하는 모습 등..

어쩌다가 아이들이 이렇게 되었을까요? 나는 그 주된 원인은 부모들의 잘못된 교육 때문이라고 생각합니다.

많은 부모들이 자녀를 이기적으로 키웁니다.

우리의 세대는 많이 배고프고 힘들게 살아온 세대라 그런지 자녀들에게는 그런 어려움을 주지 않으려고 하는 경향이 많습니다.

그래서 대부분의 부모들은 자녀를 제대로 징계하지 않습니다.

예의가 없고 쓸데없이 고집을 부리고 이기적으로 행동을 해도 그냥 내버려두고 그것이 사랑이라고 생각합니다.

아이가 몸이 아프거나 학교 성적이 나쁘면 안달을 해도 버릇이 없고 고집을 부리며 이기적인 것에 대해서는 별로 신경을 쓰지 않습니다.

그러한 잘못된 태도가 그 아이의 삶과 미래를 파괴한다는 것을 알지 못하고 있는 것입니다.

우리나라의 자녀교육은 주로 '어디 가서 지지 말라', '기죽지 말라' 는 것이고 일본 사람은 '남에게 폐를 끼치지 말아라' 미국 사람은 '남에게 봉사하는 사람이 되라' 고 가르친다고 합니다.

그러나 '어디 가서 지지 말라' 는 교육을 받은 사람들은 '남에게 폐를 끼치지 말라' 고 배운 사람들이나 '남을 섬기라' 고 배운 사람들을 결코 이길 수 없습니다.

겉으로는 이기는 듯이 보일 수도 있지만 결코 진정한 의미에서 승리할 수는 없으며 물질을 얻을 수는 있겠지만 사람의 마음을 얻을 수는 없습니다.

오늘날의 어린이들은 대부분 고난을 모르고 징계를 받지 않고 이기적인 교육만 받아서 몹시 타산적이고 이기적이며 타인을 배려할 줄 모릅니다. 그러나 그러한 이기심은 곧 자신의 영혼을 파괴한다는 사실을 모든 부모들은 이해하여야 하며 가르쳐야 합니다.

육체의 세계에서는 너와 내가 분명히 구별되며 다른 존재입니다. 그러나 영혼의 세계에서는 그렇지 않습니다.

사람은 영혼이 눈을 뜰수록, 영혼의 기능이 성장될수록 온 우주가 한 하나님의 작품이며 하나인 것을 알아가게 됩니다.

즉 나와 너는 다른 존재가 아니며 궁극적으로 하나인 것입니다. 그러므로 어린 영혼은 남이야 죽든 말든 자신만 잘 되면 된다고 생각하지만, 조금 성장한 영혼은 남을 섬기는 것이 곧 자신을 위하는 길이며 남을 해롭게 하는 것은 곧 자신을 해롭게 하는 것임을 깨닫게 됩니다.

 우리의 몸은 다양한 부분으로 만들어져 있습니다.
 팔, 다리, 눈, 코, 입, 머리.. 이 모든 부분들은 다 제각기 일을 하지만 근본적으로 다 우리 자신이며 하나인 것입니다.
 어떤 사람이 길을 걷다가 발을 헛디뎌서 넘어졌습니다.
 화가 난 그 사람은 톱을 가지고 발을 썰어버리려고 합니다.
 이런 일이 가능할까요?
 물론 가능하지 않습니다.
 비록 발이 잘못했다고 하더라도 발이 없어지면 더 불편할 것이기 때문입니다.
 그리고 또한 그가 잘못 넘어진 것은 발만의 잘못은 아니며 손, 눈, 뇌 등 여러 다른 지체도 어느 정도의 책임이 있는 것입니다.

 인간은 근본적으로 하나입니다.
 모든 사람은 한 하나님의 자녀이며 한 형제인 것입니다.
 이것은 이론이 아니라 실제입니다.
 그러므로 정부든, 사회든, 그 대상이 누구이든 간에 남을 쉽게 비난하고 비판하는 사람은 이미 그 자신을 죽이고 있는 것임을 알아야 합니다.
 남의 필요에 대해서, 남의 고통에 대해서 둔감한 사람은 영혼이 병들어 있는 것이며 사실 상 자신을 죽이고 있는 것입니다.

왜냐하면 바깥에 있는 다른 사람은 자기 자신의 또 다른 모습이기 때문이며 그런 면에서 타인의 고통은 곧 자신의 고통이기 때문입니다.

이기적인 영혼은 살아 있지만 사실은 죽은 사람입니다.

그는 오직 자신을 위하고 자신을 위하여 살지만 다른 사람들과 연결되어 있는 진정한 나, 진정한 자기의 영혼은 잃어버리고 오직 자신의 겉껍데기만을 위하며 살아가고 있는 것입니다.

그는 서서히 영혼의 감각이 죽어가며 마음도 감정도 굳어져서 점차로 기쁨도, 행복도, 감동도, 눈물도 모르는 비참한 사람으로 점점 화석화되어 가는 것입니다.

이 세대는 물질적으로는 그 어느 때보다 풍요하지만 내면적이고 영적인 측면에서는 그 어느 때보다 더 낮고 비참한 상태에 있습니다.

진정한 행복을 회복하기 위하여 우리는 이기심에서 벗어나야 합니다. 그리하여 이웃을 섬기고 사랑하는 삶을 추구해야 합니다.

그렇게 이웃을 사랑하고 섬길 때 우리는 내면의 만족을 얻게 되며 이웃의 기쁨이 곧 나의 기쁨이고 우리는 내면의 깊은 곳에서 하나라는 사실을 확인할 수 있게 되는 것입니다.

영혼이 병들고 죽은 사람은 이기적입니다.

또한 영혼의 감각이 깨어나고 살아있는 이들은 다른 이들을 도우며 만족과 행복을 느낍니다.

우리는 이와 같은 영혼의 깨어남과 발전을 사모해야 하며 진정한 이웃에 대한 사랑과 섬김을 발전시켜가야 합니다.

그것이 참된 삶의 방향이며, 교육의 방향이며 진정한 행복의 길이 되는 것입니다.

46. 그 사람은 누구일까?

내가 일곱 살쯤의 어린 아이였을 때 나는 가족과 함께 한남동에서 살고 있었는데, 우리 집은 경사가 심한 언덕배기의 중턱에 자리를 잡고 있었습니다.

이 경사진 길을 따라서 쭈욱 아래로 내려오다 보면 비교적 넓은 공터가 하나 나오는데, 이 공터의 중앙에는 커다란 나무가 하나 있었고, 그 나무 밑에는 넓은 평상이 놓여있어서 노인이나 어른들이 모여 앉아 잡담을 하거나 바둑이나 장기를 두거나 화투를 치고 소주잔을 돌리는 등의 좋은 휴식처 역할을 하고 있었습니다.

40여 년 전의 그 시절, 당시 그들은 비교적 한가하며, 여유가 있었습니다. 다들 시간이 많았는지, 아침에 그 나무 밑으로 출근을 해서 하루 종일 노닥거리다가 저녁이 되어서야 퇴근을 하는 사람들의 모습도 그리 낯설지 않은 풍경이었습니다.

나는 어른들이 평상에서 노는 모습을 구경하는 것을 좋아했습니다. 그들이 바둑을 두고 장기를 두면서 노는 것을 보는 것이 즐거웠습니다. 그들의 표정이나 말투, 그 모든 것들이 내게는 흥미로웠습니다.

그 중에서 나의 관심을 끄는 대상이 있었습니다.

그는 날마다 아침부터 일찍 공터로 출근해서 그 한 가운데에 자리를 잡고, 어둑어둑해질 무렵까지 바둑을 두었던 어떤 청년이었습니다.

그 청년은 특별한 일이 없는 한 항상 아침 일찍 공터에 나와서 평상 위에 자리를 잡고 누군가 같이 바둑 둘 상대를 기다리곤 했습니다.

그가 마침내 한 사람의 상대를 발견했을 때 그의 얼굴에 나타난 충만한 기쁨과 빛나는 눈동자를 지금도 나는 잊을 수가 없습니다.

그가 바둑 두는 모습을 보면 그는 항상 몸을 좌우로 천천히 흔들면서 한 쪽 다리를 규칙적으로 떨면서 연신 콧노래를 부르며 쉬지 않고 흥얼거리는 것이었습니다.

"그 사람은 누구일까. 아, 만나보고 싶네." 이런 내용의 노래인데, 아마도 그 부분이 그가 알고 있는 노래 가사의 전부인 모양이었습니다.

어떻게 시작되는 노래인지, 끝은 어떤 것인지, 그것은 알 수 없었습니다. 그는 줄기차게 오직 그 부분만을 되풀이했기 때문입니다. 그 사람은 누구일까.. 아, 만나 보고 싶네..

나는 그 다음의 가사가 어떻게 되는 것인지 궁금했기 때문에 매일 아침 그의 노래를 들으러 나갔습니다.

그 사람은 누구이며, 왜 만나야 하고, 왜 만나고 싶은지 나는 알고 싶었습니다.

하지만 다음 날에도 그 다음 날에도 그는 역시 그 부분만을 흥얼거렸고, 하루 종일 그의 바둑 두는 모습을 구경하면서 그 다음 가사를 기다리던 나는 결국 허무해져서 저녁때에 집에 들어오곤 했습니다.

이러한 나날이 얼마나 계속되었는지는 잘 기억이 나지 않습니다. 얼마 후 우리 집은 이사를 가게 되었고, 나의 그러한 구도의 열정은 어쩔 수 없이 종지부를 찍게 되었습니다.

내 입에서 맴돌던 '그 사람은 누구일까..' 도 어느덧 서서히 사라지게 되었습니다. 아니, 사실은 그대로 끝나지 않았습니다.

이사를 한 후 3년쯤 지났을 것입니다. 초등학교 3학년 때쯤, 그 어느 날인지, 나는 뭔가 내 주변에 항상 있었던 것이 없어진 것 같은 어쩐지 어설프고 허전한, 슬프기 조차한, 그러한 느낌을 갖게 되었습니다.

어떻게 해서 그러한 결론에 도달했는지는 모르지만, 아무튼 나는 예전에 살던 집으로 돌아가 보기로 결정을 했습니다.

지금도 그렇지만 당시의 내게 있어서는 더욱 옛집을 찾아간다는 것은 지극히 멀고 먼 험난한 여행길이었습니다.

나는 집을 도무지 찾지 못합니다. 지금도 내가 집에 늦게 오면 우리 아이들은 아빠가 집을 잃어버린 것이 아닌가 하고 상당히 걱정을 합니다. 그래서 그들은 내가 외출할 때면 "아빠, 집 잘 찾아오세요." 하고 말하곤 합니다.

어린 시절, 학교에서 집으로 가는 길을 잃어버리고 세 갈래 길 앞에서 주저앉아 통곡하던 기억은 내게 있어서 상당히 흔한 추억이었습니다.

어쨌든, 기이하게도 무의식의 기억을 더듬어 오랜 방황 끝에 나는 간신히 예의 그 공터까지 찾아 내려왔습니다. 헌데 이상하게도 거기에는 아무도 없었습니다.

나무아래 놓여있던 평상도, 나무 의자도 한담하던 노인들도 보이지 않았습니다. 하지만 무엇보다도 그 총각도 바둑판도 보이지 않았습니다. 아마 그도 이사를 갔는지 아니면 애인이 생겼는지도 모릅니다.

어쨌든 더 이상 내게 "그 사람은 누구일까.."를 들려줄 사람은 아무도 없었습니다.

나는 괜히 서글퍼졌습니다. 낯익은 동네 꼬마 몇 놈을 만났지만 놈들은 내게 아는 척도 하지 않았습니다. 나는 아무 소득이 없이 집으로 돌아올 수밖에 없었습니다.

나이가 들어 성인이 된 후에도 나는 언제부터인지 모르게 주위가 조용해질 때, 내가 몰두하던 일에서 놓여나 잠시 자신을 돌아볼 수 있을 때, 마음이 허전해지거나 외로워 질 때에, 내 마음의 어느 곳에선가 그 사람은 누구일까.. 하는 멜로디가 가끔 흘러나

오는 것을 발견하게 되었습니다. 그리고는 그 어린 시절의 환상으로 돌아가곤 한다는 것을 깨닫게 되었습니다.

  왠지 모르게 그 곳, 그 순간들이 내게 깊은 인상을 준 것같이 느껴졌고, 황혼이 짙어갈 무렵 서서히 어둠이 밀려오고, 주위는 적막해지기 시작하는데, 열심히 바둑판을 쳐다보며 흥얼거리는 한 사람을 또한 열심히 주시하며 귀를 기울이는 엄숙하기 조차한 한 소년의 모습이 왠지 뇌리에서 떠나지 않았던 것입니다.

  40여 년의 삶을 살아오면서 나는 사람들이 '누군가의 그 사람'을 열심히 찾아다닌다는 것을 자주 느끼게 되었습니다.
그 사람은 누구일까요. 모릅니다. 잃어버린 소꿉친구일까요. 사랑했었던 사람일까요.

  아니면 그저 공허한 환상의 주인공일까요. 아닙니다. 그는 분명히 어딘가에 존재할 것입니다.

  나는 그를 만나야 한다고 느꼈습니다. 나는 그 사람을 만나고 싶었습니다.

  정체를 알 수 없는 그 어떤 강한 욕망이 내 속에서 치밀어 올라와 분명하지도 않은 대상을 추구하게 만들었습니다.

  어떤 사람은 그 사람을 알고, 만나고 있는지도 모릅니다. 그러나 곧 자신이 만나는 사람이 자기가 찾고 있었던 진정한 그 사람이 아니라는 것을 깨닫게 될지도 모릅니다. 그리고 다시 찾는 것을 시작할지도 모릅니다. 누군가 그를 충분히 채워줄 때까지요.

불과 몇 년 전에도 나는 그 공터를 찾아 가 본 적이 있습니다. 하지만 나는 이제 더 이상 그 공터를 찾을 수 없었습니다.

세월은 벌써 많이 흘렀고 거리는 바뀌어졌으며 많은 집들이 세워졌고 이제 더 이상 공터는 존재하지 않습니다.

하지만 거기에 서 있으면, 어쩐지 무엇인가가 들려오는 것 같은 느낌이 듭니다.

뭔가 내 마음 깊은 곳에서.. 아직 내가 해독하지 못하는 어떤 영혼의 소리가 들려오는 것 같은.. 그런 느낌이 드는 것입니다.

그런데, 어느 날 교회의 기도실에서 기도를 하다가, 나는 갑자기 정신이 번쩍 들었습니다.

오래 전부터 어딘가 내 마음 한구석에서 왠지 항상 만나고 싶었던 그 사람.. 내가 그 사람은 누구일까.. 만나보고 싶네. 그렇게 노래해왔었던 분.. 그 분은 바로 주님이셨구나.. 하는 생각이 든 것입니다.

바로 그러했습니다.

생각하면 나는 지금까지 알 수 없는 그를 찾아 헤매었습니다.

이해할 수 없는 열망과 사모함으로 그를 만나려고 허다하게 몸부림을 쳤습니다. 손을 내밀었습니다. 그리고는 더듬고 냄새를 맡았습니다. 때로는 가만히 귀를 기울여 보았었습니다. 하지만 오랫동안 나는 찾을 수 없었습니다. 그래서 나는 외롭고 공허하고 슬펐습니다.

그런데 그는 지금 주님으로서 내 곁에 가까이 계신 것입니다.
그리고 바로 내 안에 계신 것입니다.
그렇다면, 나는 여태까지 내 안에 있던 것을 찾고 있었던 것일까요.
주님이 이렇게 가까이 나와 함께 계시며 나를 지켜보고 있는 것도 알지 못하고 갈망하고 헤매며 살아왔던 것일까요..
나는 갑자기 강력한 주의 임재를 느꼈습니다.
이 우주를 지으시고 역사의 수레바퀴를 돌리시며 그 가운데 운행하시고 섭리하시며 역사하시는 그 주님이.. 나의 전 생애를 지배하시며 내 삶을 이끌어 오신 그분이 지금 내게 조용히 사랑을 속삭이는 것을 느꼈습니다.
말할 수 없이 감미로운 그의 부드러운 체취, 사랑..
나는 내가 울고 있는 것을 느꼈습니다.
나는 그저 아무 말도 할 수 없었고 그저 눈물이 뺨 위로 흘러내릴 뿐이었습니다.
그것은 얼마나 포근하고 행복한, 평화로운 기분이었는지.. 아아! 나는 그 곳에서 영원히 머물고 싶었습니다..

그리고, 그리고 한참의 시간이 지난 후 나는 기도실을 나왔습니다. 나오면서 나는 조용히 속삭였습니다.
그 사람은 누구일까. 아, 만나보고 싶네..
나는 이제 더 이상 그 노래를 흥얼거리지 않을 것입니다.

나는 더 이상 그렇게 노래할 필요가 없습니다.
나는 이렇게 노래할 것입니다.

그 사람은 누구일까.
나는 이제 알았네.
나는 그가 누구인지 아네.

이제 그것은 너무나도 확실하다네.
나를 사랑하시는 분이 누구인지,
내 삶을 이끄시는 분이 누구인지..
나는 이제 분명하게 알고 있네.

나는 그를 만났고,
그는 나를 만졌네.
그의 체취를, 그의 숨결을
나는 이제 확실하게 느끼네.

오랜 절망과 고독은 이제 사라지고
다시는 굶주리지 않을 것이네.
내 깊은 갈망은 이제 채워지고
허무로 가득하던 마음에
행복감과 기쁨으로 가득하다네.

한 때 고백했었지
그 사람은 누구일까.. 아, 만나 보고 싶네.
그러나 이제 다시 고백하네.
그분이 내 옆에 계시네.
나는 그를 찾았고
그는 내 옆에 있네.
나는 이제 만족하고 행복하네..

눈물에 젖어 그렇게 흥얼거리며
나는 행복하고 후련한 마음으로
기도실을 나오고 있었습니다.

47. 악역의 사람들을 축복하십시오

 이스라엘 백성이 애굽에서 나오려고 할 때 하나님께서는 애굽 왕 바로의 마음을 강퍅하게 하셨습니다. 그리하여 이스라엘 백성은 바로 왕으로부터 많은 고통을 겪었습니다.

 사무엘의 어머니 한나가 잉태하지 못하여 고통하고 있었을 때 브닌나라는 여인은 그녀에게 혹독한 비난을 퍼붓고 많은 고통을 그녀에게 안겨 주었습니다.

 성경에서, 아니 모든 소설과 연극, 드라마에서도 악역이 등장하는 것처럼 인생에도, 우리의 삶에도 악역이 있습니다.

 그러나 연극이 끝난 후 주인공과 악역을 맡은 사람은 서로 싸우는 것이 아니라 서로 교제하며 격려하며 서로의 노고를 치하하게 됩니다. 조금 전까지 서로 미워하며 싸우다가도 연극이 끝나면 언제 그랬느냐는 듯이 서로의 어깨를 두드려 주게 되는 것입니다.

 우리의 삶에서도 연극과 같이 우리를 괴롭히도록, 우리에게 고통을 주어 우리를 실족시키도록 배역을 맡은 사람들이 있습니다. 그리고 그것은 그들에게 주어진 역할입니다.

 그들을 용서하지 않고 미워하고 이를 갈며 어두움의 세계로 떨어지든지, 아니면 그를 용서하고 더 깊은 자기반성을 통하여 높은 영계로 상승하든지, 이것은 우리 자신의 선택에 달려 있는 것입니다.

너무나 많은 사람들이 '억울하다, 억울하다, 너무나도 억울하다..'고 말합니다.

그러나 사실 억울한 사람은 존재하지 않습니다.

이 우주 안에서 일어나는 일에 우연이란 없으며 그 모든 일들은 우리 자신의 영적 성숙을 위하여 주어진 일들이기 때문입니다.

그러한 억울해 보이는 일들도 우리 영혼의 필요를 위하여 온 것입니다. 그것은 우리 영혼의 어두움을 정화시키기 위하여 우리에게 다가오는 것입니다.

그러므로 문제는 우리를 괴롭히는 배역을 맡은 사람에게 있는 것이 아닙니다. 문제는 오직 우리 자신에게 있습니다.

자기 영혼의 어두운 상태에 문제가 있는 것입니다. 그렇기 때문에 진정 자신을 반성하지 않는 사람은 결코 그 고통의 사슬에서 벗어날 수 없습니다. 반성하지 않는 이들은 정화를 위하여 더 많은 고통을 겪어야 하는 것입니다.

악역을 맡고 있는 사람은 겉으로 보기에는 가해자입니다. 그러나 사실 그들은 피해자의 역할을 하는 것입니다.

현실적으로 그들은 폭력을 사용하고 빼앗고, 속이고, 학대하고, 은혜를 배반하고, 은혜를 원수로 갚습니다. 그러므로 이 물질계에서 그들은 당연히 악인으로 보입니다.

 그러나 그들은 우리 자신의 영적 성숙을 돕기 위해서 그러한 배역을 받은 희생자에 불과하며 그들은 우리 때문에 그러한 악역을 계속 맡아야 하는 것입니다.

 따라서 우리 자신이 반성을 통하여 우리 영혼의 어두움을 제거한다면 그들의 임무는 끝이 나게 됩니다. 그러므로 그들은 더 이상 악역의 사람으로 살지 않게 되는 것입니다.

 하지만 불행하게도 대부분의 사람들은 이러한 영적 통찰이 부족합니다. 그리하여 현실에서 벌어지는 이러한 억울하게 보이는 일들의 의미를 깨닫지 못하여 나는 왜 이리 운이 없냐고, 어떻게 그 사람이 그럴 수가 있냐고 푸념하는 것입니다.

 그들은 영적인 시험에 합격하지 못하여 영계의 어두운 영역으로 떨어지게 되며 더 많은 재난과 고통을 겪게 되는 것입니다.

 그리하여 더 많은 분노와 적개심, 자기 연민 등의 감정에 휩쓸려 고통스러운 삶을 살게 되는 것입니다.

 부디 이것을 기억하십시오.
 모든 악역은 하나님의 허락 하에서 이루어집니다.
 그들은 피해자이며 우리가 마음을 변화시키면 그들도 그들의 악역에서 벗어날 수 있는 것입니다.
 그들은 나를 변화시키기 위해서 하나님께서 사명을 부여한 사람들이며 오직 나 자신의 변화와 성숙 외에는 그들의 역할을 바꿀 길이 없는 것입니다.

그들을 증오함으로, 그들을 판단함으로써 그들이 그들의 악역을 오랫동안 계속하도록 비참한 사명을 맡기지 마십시오.

그것은 당신에게도 비극이지만, 그들에게는 더욱 큰 비극이며 고통이 따르는 것이기 때문입니다.

악역을 맡는 것이 사명이라고 해서 악한 일들이 합리화되는 것은 아닙니다. 왜냐하면 하나님께서는 아무에게나 악역을 맡기지는 않으시기 때문입니다.

악역은 영혼이 발전되지 않은 어린 영혼에게 주어지는 것입니다. 그리고 비록 그들도 다른 영혼을 괴롭힘으로 성장에 도움을 주는 역할을 하기는 하지만, 그들의 악한 행동에는 역시 심판이 따르게 됩니다.

그러므로 우리는 할 수 있는 한 악역을 맡지 말고 오직 영적으로 성숙하여 영혼들을 사랑하고 축복하고 섬기고 도와주는 역할을 맡아야 합니다.

또한 속히 당신이 변화되어 당신 때문에 악역을 맡고 있는 그 사람도 악한 역할을 더 이상 맡지 않도록 도와야 하는 것입니다.

부디 영적인 시각으로 환경을 보십시오.

영적인 시각으로 사람들을 보십시오.

당신을 위하여 악역을 맡고 당신을 무례하게 대하고 괴롭히는 사람들을 불쌍히 여기십시오.
억울해하지 마십시오.
분노하지 마십시오.
당신을 반성하며 정화시켜서
그들이 더 이상 그 역할을 맡지 않도록 그들을 도와주십시오.
부디 당신의 시험에 합격하십시오.
악역의 사람들을 불쌍히 여기십시오.
그들을 축복하십시오.
그들의 배후에 있는 악한 영을 대적하되
그들 자신은 축복해주십시오.

당신에게 주어진 시험에 합격하고
한 과목씩, 학점을 이수할 때마다
당신에게는 새로운 차원의 통찰력과 시각이 열리고
새로운 사랑과 평화가 마음속에 생겨나게 될 것입니다.
그리고 그 평화는 이 세상이 주는 평화와 같지 않으며
그 어느 누구도 그것을 빼앗아 갈 수 없을 것입니다.

48. 우리는 사랑하기 위해서 존재합니다

　모든 존재하는 것들은 본질적인 부분과 파생적인 부분을 가지고 있습니다. 본질적인 것은 그것의 존재의 이유, 목적이며 파생적인 것은 그 외관이나 기능에 대한 것입니다.

　예를 들어 마이크를 생각해봅시다. 그것의 본질적인 존재의 목적은 주인이 말을 할 때 사용하기 위한 것입니다. 마이크의 색깔이나 형태, 디자인과 같은 것은 비본질적인 파생적인 것입니다.

　시계의 경우, 시계의 존재 목적은 주인에게 시간을 알려주기 위한 것입니다. 시계의 디자인이나 색상 등은 중요한 것이기는 하지만 시계의 본질적인 존재 이유는 아닙니다.

　오늘날 여인들은 날씬한 몸매를 유지하기 위해서, 아름다움을 얻기 위해서 많이 애를 씁니다. 그러나 그것은 파생적인 일이며 본질적인 것은 아닙니다.

　오늘날 사람들은 돈을 벌기 위해서, 집을 사기 위해서 많이 노력합니다. 그러나 그것도 우리가 존재하는 본질적인 목적은 아닙니다.

　그렇다면 우리가 사는 본질적인 이유는 무엇일까요?

　우리는 왜 이곳에 있는 것일까요?

　우리는 그 답을 알아야 할 것입니다.

어떤 일단의 무리들이 천국에 도착했습니다.

그들은 천국에서는 오직 끝없이, 영원토록 즐거운 파티만 있을 것이라고 믿어 왔습니다.

천사는 그들을 대궐과 같이 큰집으로 보내어 그 곳에서 나갈 수 없도록 하고, 오직 하루 종일 파티만을 하도록 했습니다.

일주일이 되지 않아서 그들은 끝없는 파티에 지쳐서 모두가 다 그곳에서 나가고 싶어 했습니다.

그러나 힘센 천사가 그곳을 지키고 있었기 때문에 그들은 그곳에서 나갈 수가 없었습니다.

다른 일단의 무리들은 천국에서는 오직 끝없이 영원한 예배와 찬양만이 있다고 믿고 있었습니다.

역시 한 천사가 어떤 예배당으로 보내서 아무도 그곳에서 나올 수 없도록 하고 그곳에서 계속 찬송만 하도록 했습니다.

한참의 시간이 흐른 후 그들도 모두 지쳤고, 모두 그곳에서 나오려고 했지만 역시 천사가 지키고 있어서 그곳에서 나올 수가 없었습니다.

이 이야기를 들은 일단의 무리들은 천사에게 물었습니다.

"그렇다면 천국에서 누리는 진정한 기쁨은 무엇입니까?"

천사는 주저하지 않고 대답했습니다.

"그것은 영혼들을, 사람들을 섬기는 데서 얻어지는 기쁨입니다. 사람들을 섬기는 것은 곧 하나님을 섬기는 것이기 때문입니다."

이 이야기는 하나의 우화에 불과하지만 그것은 아주 중요한 메시지를 가지고 있습니다.

우리는 이 땅에 사랑하기 위해서, 섬기기 위해서 존재하는 것입니다.

그것이 우리가 존재하는 본질적인 목적입니다. 그러므로 우리는 이웃의 기쁨을 위해서, 가족의 기쁨을 위해서 살아가야 합니다. 그렇게 함으로써 하나님을 기쁘시게 할 수 있으며 그것이 곧 우리 자신의 기쁨이 되고 행복이 되는 것입니다.

그러나 영혼이 어린 사람들은 본능적으로 이기적이며 다른 사람을 사랑하려고 하여도 다른 사람의 마음을 이해할 수 없기 때문에 본의 아니게 항상 남에게 상처를 주게 됩니다.

그러므로 우리는 사람들을 섬기고 사랑할 수 있도록 좀 더 성숙해야 하는 것입니다.

이 땅에 사는 많은 사람들이 자기들이 존재하는 본질적인 목적을 팽개치고 비본질적인 것에 목숨을 걸고 매여 삽니다.

우리가 사랑을 위하여 존재하며 이를 위하여 영혼이 성장해야 하는 것을 알지 못하고 돈과 명예와 육적인 욕망을 채우기 위하여 몸부림치며 고생하며 살아가고 있는 것입니다. 그러므로 그들의 마음은 항상 고독하고 외로우며 공허하고 지치게 되는 것입니다.

인터넷의 어느 사이트에서 채팅을 하다가 내가 목사인 것을 안 상대방이 이런 질문을 했습니다.

"목사님, 신앙이란 무엇입니까?"

나는 주저 없이 대답했습니다.

"그것은 삶을 살아가는 방식입니다. 즉 하나님을 사랑하고 사람을 사랑하는 것입니다."

그는 나의 명확한 대답에 몹시 놀라면서 감사를 표시하였습니다.

신앙이란 이처럼 단순한 것입니다.

그것은 하나님을 사랑하고 예배하는 것이며 하나님이 지으신 인간을 사랑하고 섬기는 것입니다. 우리는 사랑을 위하여 지음을 받았으며 그러므로 사랑할 때 가장 행복을 느끼고 만족할 수 있게 되는 것입니다.

오직 사랑하고 감사하고 섬기는 것..
이것이 우리가 이 땅에서 존재하는 본질적인 목적이며
또 영원한 곳에서도 계속하여 누릴 삶입니다.
부디 이 본질적인 존재 목적을 발견하십시오.
진정한 행복을 위해서 진정한 만족을 위해서
본질적이 아닌 것들에 너무 마음을 쓰지 마십시오.
많이 소유하려고 애쓰지 마십시오.
남들보다 나아지려고 너무 노력하지 마십시오.
다른 사람들의 인정이나 평가에 너무 민감해지지 마십시오.

그것들은 다 본질적인 것이 아닙니다.
우리는 사랑하고 섬기기 위해서 이 땅에 왔습니다.
그러므로 그 본질을 붙잡으십시오.
본질을 놓치지 않을 때 우리는 진정 승리자가 되며
진정으로 행복한 사람이 될 수 있는 것입니다.

49. 행복한 인생의 비결

 나는 몹시 가난하게 자랐습니다. 그리고 애정 어린 관심이나 좋은 평가는 별로 받지 못하고 자랐습니다.
 나는 항상 인생의 변두리에서 살고 있었습니다. 나는 사람들의 무관심과 푸대접에 익숙해 있었습니다. 내가 처해 있는 골짜기는 너무 깊어 보였고 햇살은 내가 있는 곳까지 내려오지 않는다고 느꼈습니다.

 초등학교 6학년이었을 때 교내에서 글짓기 대회가 있었습니다. 그 때 나와 다른 학생 한 명, 이렇게 두 명이 뽑혀서 우리 학교의 대표로 글짓기 대회에 나가게 되었습니다.
 학교의 명예가 걸려있는지라 젊은 여선생 한 분이 우리 두 사람을 지도해 주게 되었습니다.
 그녀는 처녀 선생님이었으며 젊고 아름다웠습니다. 그 아름다운 선생님께 직접 지도를 받게 되다니! 나의 가슴은 몹시 뛰었습니다.
 그녀는 우리 두 사람을 그녀의 집에서 지도해 주기로 했습니다. 그것은 나에게 더 큰 기대와 흥분을 일으켰습니다. 그 아름다운 여선생님과 대화도 할 수 있고 집까지 갈 수 있다니.. 그 집에 가면 선생님은 나에게 맛있는 것을 주실까? 나는 즐거움으로 가슴이 벅차왔습니다.

  그러나 나의 기대는 곧 실망으로 바뀌게 되었습니다. 그녀는 나를 보고 흘낏 눈길을 한 번 주었을 뿐, 다른 학생과 둘이서만 이야기를 하면서 앞서서 걸어갔던 것입니다.

  그 학생은 어머니가 학교에 자주 드나들며 부자이고 얼굴도 아주 잘 생긴 귀족과 같은 학생이었습니다. 그는 평소에도 선생님의 사랑을 많이 받고 있었습니다. 그래서 그 여선생님도 그를 잘 알고 있었던 것입니다.

  하지만 나는 우중충한 외모에 인상도 별로 좋은 편이 아니었고 옷을 입은 것도 초라한 모습이었습니다.

  여선생님이 나를 한번 쳐다보고 눈길을 돌리자 나는 나의 모습이 몹시 부끄러웠습니다.

  그 날은 마침 비가 오고 있었습니다. 그녀는 그 학생과 둘이서 같이 우산을 받고 앞서서 걸어갔고, 나는 그들보다 조금 뒤쳐져서 비를 맞으면서 그들을 따라가고 있었습니다.

  그렇게 따라가다가 그들과의 거리는 점점 더 멀어졌습니다. 나는 결국 혼자서 집으로 오고 말았습니다. 그 집은 내가 갈 수 있는 곳이 아니었던 것입니다.

  나의 어린 시절 나는 몹시 외롭고, 슬펐으며 내게 주어진 것은 거의 없다고 생각했었습니다.

아무도 나를 좋아하지 않는다고 느꼈습니다.

그러나 인생의 벼랑에서 하나님을 만나고 나의 삶과 가치관이 변화된 후에 나는 나의 슬프고 외로웠던 지난 시절에 대해서 진정으로 기뻐하고 감사하게 되었습니다.

가난하다는 것, 가진 것이 없다는 것, 아무 잘난 것이 없다는 것, 그리고 낮은 자리에 익숙해져 있다는 것이 얼마나 아름답고 행복한 일인지에 대해서 알게 되었던 것입니다.

나는 별로 부족함이 없이 아픔을 모르고 자라난 사람들, 젊고 아름다운 여인들이 결혼생활의 갈등을 견디지 못하고 쉽게 이혼하는 것을 많이 보아왔습니다.

그러나 나의 결혼생활은 너무나 행복합니다. 왜냐하면 나는 낮은 생활에 대하여 이미 익숙해져 있기 때문입니다.

내 삶이 변두리에 있었을 때 나는 내게로 시집오는 정신 나간 여자가 있으리라고는 생각지 못했습니다.

친구들의 결혼식에 많이 참석했고 축가를 많이 불렀지만, 내게도 이렇게 파티의 주인공이 되는 날이 올 것이라고는 생각하지 않았습니다. 혹시 누군가가 나에게 온다면 나는 온 정성을 다해서 그녀를 사랑하고 섬기겠지만 그런 사람은 없을 것이라고 생각했었습니다.

어머니도 여러 번 "누가 너한테 오겠니.. 온다면 참으로 불쌍한 애겠지.." 라고 말씀하셨고 나도 그렇게 생각했었습니다.

이제 하나님의 은혜로 나는 아내를 얻었고 나는 결혼할 때의 감동과 결심을 지금도 기억합니다.

나는 영원히 그녀에게 보답할 것이며 그녀의 사랑을 기억하고 그녀에게 사랑으로 보답할 것이라고.. 나는 지금도 그 때의 결심을 어제처럼 생생하게 잊지 않고 기억합니다.

내 삶이 변두리에 있었고 내 것은 아무 것도 없었기에 나는 나의 아내가 라면 하나를 끓여줘도, 내게 조그만 친절을 베풀어도 나는 여전히 감격하고 또 감동합니다.

나같이 부족한 사람에게 이러한 은혜를 베풀다니.. 나는 여전히 그 사실이 놀랍고 감격스럽습니다.

예전에 낮은 곳에 있었기에 이제는 그 모든 것이 감동이 되는 것입니다.

목사님을 알게 된 것이 기쁨이라고, 행복이라고 말하는 이야기를 많이 들었습니다.

심지어 생명의 은인이라는 분도 있었습니다.

거의 날마다 나의 책을 읽은 독자들이 감사하다고, 감동을 받았다고 전화를 합니다. 그러나 나는 아직까지 낮고 변두리에 익숙해 있으며 그러한 찬사는 나의 마음을 무겁게 합니다.

설교나 강의 초청을 받아 가면 사람들은 비싼 음식을 대접하려고 합니다. 한 끼에 몇 만원이나 하는 이름도 잘 모르는 음식을 먹이려고 합니다.

하지만 나는 여전히 돈이 아깝고 그런 음식이 불편하며 목에 잘 넘어가지 않습니다.

오히려 설교를 마치고 밤늦게 집으로 돌아오는 길에 길가의 포장마차에서 먹는 우동과 그 국물이 훨씬 더 맛이 있습니다. 나에게는 그러한 순간들이 훨씬 더 익숙하고 행복합니다.

지금 나는 너무나 행복합니다. 그 행복의 비결은 하나님을 만난 것과 궁핍한 어린 시절을 겪었다는 것에 있습니다.

어려운 상황에 있어 보았기에, 죽음과도 같은 상황도 많이 겪었기에 이제 웬만한 것은 견딜 수 있습니다.

그러므로 모든 것이 내게는 너무나 과분합니다.

사랑하는 아내도, 사랑하는 나의 아이들도, 내게는 너무나 과분한 존재입니다.

예전에는 나의 마음이 많이 어둡고 우울하고 비관적이었지만 하나님께서 나의 마음을 많이 변화시켜 주셨기에 나는 너무나 행복합니다.

하늘은 너무나 푸르고 보이는 모든 자연이 너무나 아름답습니다.

마주치는 모든 사람들이 너무나도 사랑스럽게 느껴집니다.

한 때 나를 고통스럽게 했던 모든 사람들에 대한 넘치는 사랑이 마음속에서 솟구칩니다.

오, 그것은 얼마나 놀라운 행복감, 자유함인지요!

하나님을 만난 것과, 고통스러운 삶의 과정을 많이 겪었다는 것, 이것이 내 행복의 비결입니다.

낮은 곳의 기억..
그것은 행복입니다.
낮은 곳에 있었던 이들은
모든 곳에서 기뻐할 수 있으며
감격할 수 있습니다.
아주 작은 관심과 사랑도
그에게는 기가 막힌 영광입니다.
그러므로 어려운 인생과 낮은 골짜기의 삶은
당시에는 슬퍼 보여도
결국에는 행복의 비결이 되며
놀라운 은총과 기쁨의 세계로 나아갈 수 있는
아름다운 문이 될 수 있는 것입니다.

도서구입신청

도서 구입을 원하시는 분들을 위한 안내입니다.

1. 도서 목록 확인
페이지를 넘기시면 정원 목사님의 도서 전권이 안내되어있습니다.
도서 목록을 참조하셔서 필요로 하시는 책을 선택하십시오.
각 도서의 자세한 목차와 내용을 원하시면 정원목사 독자 모임 카페의 [저자및 저서소개] 코너를 참조하십시오. (http://cafe.daum.net/garden500)

2. 책신청
구입하실 도서를 결정하신 후에, 영성의 숲 출판사로 전화를 주세요.
(02-355-7526 / 010-9176-7526. 통화시간: 월~금 오전 9시~저녁 7시)
신청 도서 목록을 알려주시면 입금하실 금액을 안내해 드립니다.
신청하실 때는 책을 받으실 주소와 전화번호를 함께 알려주세요.
책신청은 전화 외에도 영성의 숲 홈페이지의 [책신청] 코너,
출판사 이메일(spiritforest@hanmail.net)을 사용하실 수 있습니다.

3. 송금
안내 받으신 도서 대금을 아래 계좌로 입금해 주세요.
(국민은행: 461901-01-019724, 우체국: 013649-02-049367, 예금주: 이혜경)
신청자 성함과 입금자 성함이 일치하지 않는 경우에는 입금자 성함을
꼭 알려주셔야 확인이 가능합니다.

4. 배송
입금 확인 후에 바로 발송 작업을 하는데, 발송후 도착까지 보통 2-3일 정도가 소요 됩니다. 책을 급하게 필요로 하실 경우에는 일반 서점을 이용해 주세요. 해외 배송을 원하시는 분은 총판을 담당하고 있는 생명의 말씀사로 문의해주시기 바랍니다.
(생명의 말씀사 080-022-1211 www.lifebook.co.kr)

<기도 시리즈>

1. 하늘의 권능이 임하는 부르짖는 기도 1
영성의 숲. 373쪽. 12,000원 / 핸디북 10,000원
부르짖는 기도는 모든 기도의 형태 중에서 가장 기본적이고 중요한 기도입니다. 이 기도를 바르게 배우고 적용한다면 하늘의 권능이 임하는 것을 경험하게 되며 모든 면에서 강건한 그리스도인이 될수 있을 것입니다.

2. 하늘의 권능이 임하는 부르짖는 기도 2
영성의 숲. 444쪽. 14,000원 / 핸디북 11,000원
부르짖는 기도 1권은 발성의 의미, 능력과 부르짖는 기도의 전체적인 원리를 다루 었으며 2권은 부르짖는 기도의 실제로서 구체적인 기도의 방법과 적용원리를 다루고 있습니다. 3부에 수록된 다양한 승리의 간증은 독자님들에게 좋은 도전이 될 것입니다.

3. 대적기도의 원리와 능력
영성의 숲. 400쪽. 14,000원 / 핸디북 11,000원
대적기도 시리즈 1편. 대적기도는 주님께 간구하는 기도가 아니며 우리에게 주어진 권세와 능력을 발견하고 사용하여 능력과 승리를 경험하는 기도입니다. 이 기도를 알게 될 때 당신의 삶은 진정 달라지게 될 것입니다.
휴대를 위한 작은 사이즈의 핸디북도 있습니다.

4. 대적기도의 적용 원리
영성의 숲. 424쪽. 14,000원 / 핸디북11,000원
대적기도 시리즈 2편. 대적기도에도 원리와 법칙이 있습니다. 그 원리와 법칙을 잘 익혀서 실제의 삶에 적용한다면 우리는 풍성한 삶을 살 수 있습니다. 이 책에서는 그 원리들을 구체적으로 제시해 주고 있습니다.
휴대를 위한 작은 사이즈의 핸디북도 있습니다.

5. 대적기도를 통한 승리의 삶
영성의 숲. 452쪽. 15,000원 / 핸디북 12,000원
대적기도 시리즈 3편. 대적기도를 인간관계, 가정에서의 삶, 복음 전도와 사역에 구체적으로 적용하는 방법을 제시하였습니다. 여기서 제시된 원리를 잘 읽고 적용한다면 삶과 사역에 있어서 많은 변화와 승리를 경험할 수 있게 될 것입니다.
휴대를 위한 작은 사이즈의 핸디북도 있습니다.

6. 대적기도의 근본적인 승리 비결
영성의 숲. 454쪽. 14,000원 / 핸디북 12,000원
대적기도 시리즈 4편. 완결편. 1부에서는 악한 영들을 근본적으로 완전하게 제압하고 승리할 수 있는 원리와 비결을 제시하고 있습니다. 2부에서는 대적기도를 적용하고 경험한 성도들의 사례가 실려 있는데 이것은 각 사람의 적용과 승리에 좋은 참고가 될 수 있을 것입니다.
휴대를 위한 작은 사이즈의 핸디북도 있습니다.

7. 아름답고 행복한 기도의 세계
영성의 숲. 279쪽. 9,000원
〈기도업데이트〉의 개정판. 자연스럽고 편안하게 기도의 아름다움과 행복에 잠길 수 있도록 돕는 책입니다. 기다리는 기도, 듣는 기도, 안식하는 기도 등 다양하고 풍성한 기도의 원리들을 일상의 예화들을 통하여 쉽게 정리하였습니다.

8. 주님의 마음에 이르는 기도
영성의 숲. 309쪽. 10,000원
기도의 원리와 방법에 대한 200개의 조언을 담았습니다. 주님의 마음을 향하여 가는 것. 그것이 기도의 방향이며 목적임을 보여주는 책입니다.

9. 주님의 임재를 경험하는 길
영성의 숲. 308쪽. 10,000원
〈주님을 경험하는 100가지 방법〉의 개정판. 주님의 살아계심과 임재를 경험하기 위한 100가지의 실제적인 방법을 제시하고 있습니다. 사모하는 마음으로 이 방법들을 시도한다면 누구나 쉽게 그분의 역사를 경험하게 될 것입니다.

10. 예수 호흡기도
영성의 숲. 460쪽. 14,000원 / 핸디북 11,000원
호흡을 통한 기도가 주님의 임재와 영적 실제에 들어가는 중요한 비밀이며 열쇠임을 보여주는 책입니다. 이 책에 제시된 원리와 방법을 충실히 시도해 본다면 누구나 놀라운 변화를 경험하게 될 것입니다.

11. 방언기도의 은혜와 능력 1
영성의 숲. 459쪽. 16,000원 / 핸디북 12,000원
방언기도 시리즈 1편. 방언에 대한 성경적이고 균형잡힌 설명 뿐 아니라, 저자의 개인적인 경험과 간증, 방언을 받는 과정과 통역을 시도하는 과정에 대한 구체적인 설명, 여러 경험자들의 실례가 풍성하게 실려있어, 방언의 은혜에 대해 이해하고 적용하는 데에 실제적인 도움을 주는 책입니다.

12. 방언기도의 은혜와 능력 2
영성의 숲 403쪽. 13,000원 / 핸디북 11,000원
방언기도 2편에서는 방언과 통역이 발전해 나가는 과정과 그 영적인 의미를 깊이있게 다루었습니다. 방언의 가치와 의미를 바르게 이해하고 적용하게 될 때, 오래 동안 방언을 사용하면서도 주님의 은총를 누리지 못하던 이들이 주님의 가까우심과 아름다우심을 풍성히 경험하게 될 것입니다.

13. 방언기도의 은혜와 능력 3
영성의 숲 489쪽. 15,000원 / 핸디북 12,000원
방언 기도 시리즈의 결론적인 부분을 다룬 책입니다. 방언에 대한 부정적인 견해와 원인들, 방언을 통해 어떻게 부흥이 시작되는지, 은사의 바른 방향과 의미, 목적 등을 정리하였고, 전체적인 요약정리와 함께 경험자들의 구체적인 사례들을 첨부하여 실제적인 적용에 도움이 되도록 하였습니다.

<영성 시리즈>

1. 영성의 실제를 경험하는 길
영성의 숲. 357쪽. 12,000원
〈그리스도인의 아름다운 영성〉의 개정판.
많은 은혜의 도구들이 있지만 그것들이 다 주님을 접촉하는 것은 아닙니다. 참다운 영성과 주님을 경험하는 원리를 제시하는 책입니다.

2. 생각의 자유를 경험하는 길
영성의 숲. 228쪽. 8,000원
〈그리스도인의 생각 다스리기〉의 개정판. 우리가 겪는 삶의 대부분의 고통들은 스스로 만들어낸 생각의 감옥에 지나지 않으며 생각을 분별하고 관리함으로써 풍성하고 행복한 삶을 살 수 있다는 메시지를 다양한 예화와 함께 설득력 있게 제시하고 있습니다. 많은 교회에서 훈련 교재로 사용되기도 했습니다.

3. 영성의 중심은 사랑입니다
영성의 숲. 243쪽. 8,000원
하나님의 은혜를 받아들이고 누림으로써 진정한 사랑과 따뜻함의 세계를 경험할 수 있도록 돕는 책. 신앙의 따뜻함과 아름다움을 회복하고, 영혼들을 이해하고 도울 수 있는 관점을 제시하고 있습니다.

4. 영성의 원리
영성의 숲. 319쪽. 11,000원
영성에도 원리가 있습니다. 이 책은 영성의 발전을 위한 다양한 원리들, 영의 흐름, 영의 인식, 영적 승리를 위한 중보 등의 원리를 실제적인 예와 함께 잘 설명해 줍니다. 영적 부흥과 충만함을 사모하는 이들에게 좋은 참고서가 될 수 있을 것입니다.

5. 문제는 주님의 음성입니다
영성의 숲. 227쪽. 9,000원
우리의 삶에 다가오는 여러가지 어려움들, 문제들은 우연이 아닙니다. 거기에는 주님의 배려와 가르치심이 있으며 반드시 우리가 배워야 할 것이 있습니다. 이 책은 그 문제들에서 주님의 뜻과 음성을 발견하는 원리를 가르쳐 주고 있습니다.

6. 영성의 발전은 어떻게 이루어지는가
영성의 숲. 254쪽. 8,000원
〈영성의 상담〉의 증보 개정판. 영성에 대한 여러 질문과 답변을 통해 다양한 영적현상의 의미와 삶 속에서 영적 성장을 이루는 구체적인 방법들을 소개하고 있습니다.

7. 지금 이 공간에 임하시는 주님
영성의 숲. 340쪽. 12,000원
주님은 믿을수 없을만큼 가까이 계시지만 사람들은 흔히 그분을 무시함으로 그의 임재를 소멸시킵니다. 이책은 그분의 가까우심과 구체적인 공간을 통한 임재, 나타나심을 경험할수 있도록 실제적인 지침을 제시하고 있습니다.

8. 심령이 약한 자의 승리하는 삶
영성의 숲. 228쪽. 9,000원
영혼의 힘이 약하고 마음이 여리고 민감하여 고통을 겪고 있는 이들을 위한 책. 영혼의 원리 및 기질과 사명을 이해함으로써 이전에 알지 못했던 자유와 해방과 놀라운 행복감을 누리게 될 것입니다.

9. 천국의 중심원리
영성의 숲. 452쪽. 14,000원
천국은 사후에만 갈 수 있는 장소가 아닙니다. 이 땅에 살면서 천국의 임재, 그 천국의 빛과 영광을 경험할 수 있습니다. 이 책에서는 내면세계의 천국을 경험하기 위한 길과 원리를 제시해 주고 있습니다.

10. 행복한 신앙을 위한 28가지 조언
영성의 숲. 348쪽. 12,000원
〈자유롭고 행복한 그리스도인 1〉의 개정판. 묶여 있고 창백한 의식의 틀을 벗어나, 자유롭고 풍성한 믿음의 삶으로 나아가도록 돕는 책입니다. 28가지 조언속에 행복한 신앙을 위한 영적 원리들을 담고 있습니다.

11. 성숙한 신앙을 위한 30가지 조언
영성의 숲. 340쪽. 12,000원
〈자유롭고 행복한 그리스도인2〉의 개정판. 의식이 바뀔 때 천국의 자유와 기쁨을 누릴 수 있음을 보여주는 책입니다. 묶여있는 사고와 습관, 잘못된 의식에서 해방되는 원리를 제시해 주고 있습니다.

12. 의식의 깨어남을 사모하라
영성의 숲. 239쪽. 9,000원
잠과 꿈과 깨어남의 실체를 보여주며 진정한 깨어있음의 세계로 인도하는 책입니다.
의식과 영혼을 깨우기 위한 방법과 원리들을 제시해 주고 있습니다.

13. 주님의 마음, 주님의 임재 속으로
영성의 숲. 348쪽. 11,000원
오늘날 주님의 마음에 대한 많은 오해가 있어서 주님의 깊으신 임재에 들어가지 못합니다. 이 책은 그 오해를 풀어주며 우리를 향한 주님의 사랑을 보여주고 그 사랑의 임재 속에 들어가는 길을 안내해주고 있습니다.

14. 영성의 발전을 갈망하라
영성의 숲. 292쪽. 10,000원
영성의 진리 시리즈 1편. 영성을 깨우고 발전시킬 수 있는 다양한 이야기, 원리, 법칙들을 묶은 36가지의 메시지가 수록되어 있습니다. 영혼의 각성에 도움이 되는 지식과 도전을 얻게될 것입니다.

15. 집회에서 흐르는 주님의 은혜
영성의 숲. 254쪽. 8,000원
이미 출간되었던 [집회 가운데 임하시는 주님]을 새롭게 개정하였습니다. 회원들의 간증을 줄이고 더 많은 분량을 추가하였습니다. 집회 가운데 나타나는 주님의 생생한 역사와 이에 관련된 여러 영적 원리를 기술하였습니다. 읽을수록 집회 현장에 있는 듯한 감동과 은혜를 얻을 수 있을 것입니다. 은혜를 사모하는 이들, 영성 사역에 관심이 있는 사역자들에게 좋은 참고가 될 것입니다.

16. 삶을 변화시키는 생명의 원리
영성의 숲. 348쪽. 값 12,000원
삶 속에서 열매를 맺을 수 있는 비결과 원리를 시편 1편의 말씀과 요한복음 15장의 말씀을 중심으로 제시하고 있습니다. 포도나무이신 주님과 가지로서 항상 연결되는 삶이 열매를 맺는 원리이며 은총의 비결인 것을 명쾌한 논지로 설명하고 있습니다. 신앙의 기초와 방향을 분명히 밝히는 책으로서 풍성한 삶과 승리하는 삶을 갈망하는 그리스도인들에게 귀한 도전이 될 것입니다.

17. 낮아짐의 은혜1
영성의 숲. 308쪽. 값 11,000원
쉽게 하나님의 임재를 경험하며 그 은혜 가운데 머무르는 사람이 있습니다. 그 은총의 비밀은 무엇일까요? 그것은 바로 낮아짐이며 이를 통하여 주의 무한한 은혜와 천국의 풍성함을 누릴 수 있음을 본서는 증명합니다. 사람을 파괴하는 높아짐의 시작과 타락, 은혜의 회복, 열매의 풍성함 등을 다루고 있으며 누구나 그 은혜의 세계에 쉽게 이르도록 길을 제시하고 있습니다.

18. 낮아짐의 은혜 2
영성의 숲. 388쪽. 값 14,000원
낮아짐은 감추어진 비밀이며 천국의 문을 여는 보화입니다. 마귀는 낮아짐을 빼앗을 때 그 영혼을 사로잡을 수 있으므로 온갖 유혹으로 이 보화를 가로챕니다. 하나님은 천국의 풍성함을 주시기 위하여 낮아짐을 훈련하시며 인도하십니다. 2권은 적용을 주로 다루며 구체적으로 풍성한 은총을 누릴 수 있도록 권면하고 있습니다.

19. 그리스도를 갈망하는 삶
영성의 숲. 268쪽. 값 9,000원
부흥과 영적 깨어남, 영성의 다양한 원리에 대한 이야기. 삶 속의 이야기와 함께 자연스럽게 풀어서 정리하였습니다. 일상의 사소한 삶에서 영적 원리를 발견하고 적용하도록 도우며 그리스도에 대한 갈망이 증가되도록 도전하고 있습니다.

20. 영이 깨어날수록 천국을 누린다
영성의 숲. 236쪽. 값 8,000원
독자들과 일대일로 마주 앉아서 대화를 하듯이 영적 성장과 풍성한 삶을 누리는 원리에 대해서 메시지를 전달하고 있습니다. 사랑하는 삶, 영성의 깨어남에 대한 새로운 통찰력을 제공해주며 기쁨으로 주님을 따르는 길을 제시해줍니다.

<생활 영성 시리즈>

1. 주님과 차 한잔을
영성의 숲. 220쪽. 6,000원
신앙의 귀한 진리들, 주님을 사모하고 가까이 나아가는 데 도움이 되는 원리들을 유머를 통해 밝고 즐겁게 전달해주는 책입니다.
주님과 같이 차를 한잔 마시는 기분으로 부담없이 읽다 보면 자연스럽게 영적 통찰을 얻을 수 있을 것입니다.

2. 일상의 삶에서 주님을 의식하기
영성의 숲. 280쪽. 8,000원
일상의 사소한 삶 속에서 주님을 의식하며 살아가는 이야기. 신앙과 영성은 기도할 때만이 아니라 일상의 모든 삶 속에서 나타나야 한다. 작고 사소한 모든 일에서 주님을 의식하는 것이 진정한 행복의 원리인 것을 이 책은 보여주고 있습니다.

3. 일상에서 경험하는 주님의 사랑
영성의 숲. 277쪽. 8,000원
일재의 묵상 시리즈 2편. 사소한 일상의 삶에서 주님의 임재와 사랑을 느끼고 주님의 메시지를 경험하는 이야기. 항상 모든 것에서 주님의 마음과 시선으로 삶과 사람을 보고 느껴야 하며 이를 통해서 날마다 천국을 경험할 수 있음을 사소한 삶의 이야기를 통하여 부드럽게 전달해주고 있습니다.

4. 삶이 가르치는 지혜
영성의 숲. 212쪽. 6,000원
〈삶이 가르치는 지혜〉의 개정판. 우리의 삶에서 경험하는 많은 즐거운 일, 힘든 일들이 결국 우리 영혼의 성장을 위하여 주어진 일임을 보여줍니다. 가슴을 따뜻하게 하는 소박한 이야기들을 통해서 사랑의 중요성을 다시 한번 깨닫게 합니다.

5. 사랑의 나라로 가는 여행
영성의 숲. 156쪽. 5,000원
〈사랑의 나라〉의 개정판. 어른들을 위한 우화로서 한 청년이 여행을 통하여 삶의 목적과 방향을 깨달아 가는 과정이 흥미진진하게 전개되고 있습니다. 즐겁게 이야기를 읽어나가다보면 영적 성장의 방향과 중심, 영적 세계의 에너지와 원리, 흐름을 이해하는데 도움이 될 것입니다.

6. 하나님의 뜻을 발견해 가는 여행
영성의 숲. 269쪽. 신국판 변형 8,000원
성경에 등장하는 입다, 다윗, 암논의 삶과 사건들을 통하여 하나님의 아버지 마음과 하나님의 의도와 훈련을 이해하고 발견하도록 안내하는 책입니다. 등장인물들의 마음과 정서가 드라마처럼 녹아있어 흥미와 감동을 전달해 줍니다.

7. 일상에서 경험하는 주님의 은혜
영성의 숲. 253쪽. 값 8,000원
일상시리즈 3편입니다.
가족 이야기, 모임 이야기, 일상에서 경험하는 여러 가지 일들을 통해서 영적 원리와 교훈을 정리하였습니다.
일기와 이야기 형식으로 기록되어 있어서 즐겁게 읽는 가운데 주님과 같이 걷는 삶의 흐름 속으로 들어갈 수 있게 될 것입니다.

<묵상 시리즈>

1. 맑고 깊은 영성의 세계를 향하여
영성의 숲. 140쪽. 5,000원.
잠언시리즈 1편. 내 영혼의 잠언1을 판형을 바꾸어 새롭게 만들었습니다. 순결하고 맑은 영혼으로 성장하기 위한 진리의 묵상들이 간결하게 정리되어 있습니다.

2. 주님은 생수의 근원 입니다
영성의 숲. 196쪽. 6,000원
〈내 영혼의 잠언2〉의 개정판. 맑고 투명한 영성의 세계로 안내하는 영성 잠언집. 새벽녘의 신선하고 향긋한 바람처럼 우리 영혼을 달콤하게 채워주는 묵상의 글들을 모아서 정리했습니다.

3. 묻지 않는 자에게 해답을 던지지 말라
영성의 숲. 156쪽. 5,000원
삶과 사랑과 영혼의 진리를 담은 잠언 시집.
인생의 의미와 진리, 영성의 발전과정을 예리하면서도 부드러운 시각으로 표현하고 있습니다. 불신자에 대한 전도용으로도 좋은 책입니다.

4. 영혼을 깨우는 지혜의 샘물
영성의 숲. 180쪽. 6,000원
〈영적 성숙으로 향하는 여행〉의 개정판
인생, 진리, 마음, 영성 등 중요한 8가지의 주제에 대한 짧은 묵상을 담았습니다. 맑은 샘물이 흐르듯이 간결한 지혜의 메시지가 영성을 일깨워주는 책입니다.

삶이 가르치는 지혜

1판 1쇄 발행	2000년 10월 17일 (혜문서관)
1판 3쇄 발행	2002년 3월 5일 (혜문서관)
2판 1쇄 발행	2005년 6월 15일 (영성의숲)
2판 2쇄 발행	2007년 3월 20일
3판 1쇄 발행	2009년 5월 25일
3판 4쇄 발행	2015년 9월 20일
지은이	정 원
펴낸이	이 혜경
펴낸곳	영성의 숲
등록번호	2001. 7. 19 제 8-341 호
전화	02 - 355 - 7526 (영성의숲)
핸드폰	010 - 9176 - 7526 (영성의숲)
E - mail	spiritforest@hanmail.net (영성의숲)
홈페이지	cafe.daum.net/garden500 (정원목사 독자 모임)
	cafe.naver.com/garden500 (정원목사 독자 모임)
국민은행	461901 - 01 - 019724
우체국	013649 - 02 - 049367
예금주	이 혜경
총판	생명의 말씀사
전화	02 - 3159 - 8211
팩스	080 - 022 - 8585,6

값 6,000원
ISBN 978 - 89 - 90200 - 69 - 3 03230